Josef Wilfing

Antithesen

Josef Wilfing

Antithesen

Fromm Verlag

Imprint
Any brand names and product names mentioned in this book are subject to trademark, brand or patent protection and are trademarks or registered trademarks of their respective holders. The use of brand names, product names, common names, trade names, product descriptions etc. even without a particular marking in this work is in no way to be construed to mean that such names may be regarded as unrestricted in respect of trademark and brand protection legislation and could thus be used by anyone.

Publisher:
Fromm Verlag
is a trademark of
International Book Market Service Ltd., member of OmniScriptum Publishing Group
17 Meldrum Street, Beau Bassin 71504, Mauritius

Printed at: see last page
ISBN: 978-613-8-34979-2

Antithesen

PJ Wilfing

Foto: © Johann Lang

Lieber Leser, liebe Leserin,

manches Verlautbarte hat in mir einen Widerstand hervorgerufen. Diesem Widerstand nachgehend sind über einige Jahre hinweg Texte, Geschichten oder einfach Sätze entstanden, die in diesem Buch gesammelt sind. Ich will zum „Verlautbarten“ meine eigenen „Geschichten“ erzählen.

Ich verzichte darauf, Recht haben zu müssen. Ich muss nicht zu allem, was ich nicht verstehe, eine Meinung haben. In manchem bin ich zu Überzeugungen gelangt.

Doch in meinen Geschichten geht es nicht einfach um Überzeugungen. Ich will Fragen an das im öffentlichen Diskurs „Erlaubte“ stellen. Manches Spiel mit Wörtern fragt nicht unbedingt um Erlaubnis. Andere Geschichten nehmen Vorgänge der Gegenwart, die mir verquer erschienen auf. Vielleicht können Sie an manchen Stellen lächeln? Das würde mich freuen. Vielleicht denken Sie: Der ist aber böse! Man möge mir verzeihen, aber dann ließ sich das möglicherweise nicht vermeiden. Vielleicht setzen Sie selbst auch an einer Stelle ein Fragezeichen? Schnelle Antworten gibt es schon genug.

Ich wünsche Ihnen unterhaltsame Lektüre,

Ihr PJ

Antithesen

Man sagt: „Gut gemeint ist oft das Gegenteil von gut.“
Ich sage: „Böse gemeint ist oft das Gegenteil von böse.“

Man sagt: „Wenn alles bleibt, wie es ist, wird nichts bleiben, wie es ist.“
Ich sage: „Nichts bleibt, wie es ist, aber nichts ändert sich wirklich.“

Man sagt: „Wer für alles offen ist, ist nicht ganz dicht.“
Ich sage: „Wer nur für ein wenig offen ist, ist auch nicht ganz dicht.“

Man sagt: „Der Weg ist das Ziel.“
Ich sage: „Wir sind immer noch unterwegs, aber wir wissen nicht mehr wohin“ (mit Dank an Zygmunt Bauman).
Ich sage: „Da könnte ich ebenso gut im Kreis gehen.“

Man sagt: „Das einzig Stabile im Universum ist die Veränderung“ (Heraklit von Ephesos).
Ich sage: „Stabilität ist die Voraussetzung für Dynamik“ (Anonymus).
Ich sage: „Das einzig Stabile im Christentum ist die Umkehr.“

Man sagt: Vertrauen ist gut, Kontrolle ist besser.
Ich sage: „Kontrolle ist gut, Vertrauen ist besser.“

Man sagt: „Wer nicht wirbt, der stirbt.“
Ich sage: „Wer gestorben, hat nicht geworben.“

Man sagt: „Tu Gutes und sprich darüber!“
Ich sage: „Tu Böses und schweige darüber!“

Man sagt: Was du heute kannst besorgen, das verschiebe nicht auf morgen.
Ich sage: „Was ich heute tun kann, kann ich gut auch morgen tun."

Man sagt: „Es gibt nichts, was es nicht gibt."
Ich sage: „Das wusste ich bisher nicht."

© 20171126[1]

---

[1] Datum der Fertigstellung

Der Patriot

Ein Monolog

Gestatten! Wiggerl mein Name. Eigentlich Ludwig, aber alle sagen Wiggerl. Wohnhaft Graz, Volksgarten. Ich wohne lieber im Grünen. Andere sind lieber am Hauptplatz, aber da sind mir zu viele Menschen. Ich habe es gerne ruhig.

Viele Leute denken sich: Der hat ein Problem mit dem Alkohol. Aber schauen Sie sich die Leute an: gehetzt, ernst, müde, verbittert – gehen, telefonieren, essen – alles gleichzeitig. Die haben Probleme! Ich habe kein Problem. Ich habe kein Problem mit dem Alkohol. Ein Problem ohne Alkohol habe ich schon - bisweilen. Aber die Menschen, die hier vorübergehen, haben alle ihre Probleme und das ohne Alkohol. So wie ich – ohne Alkohol. Aber es gibt einen bedeutenden Unterschied. Meine Probleme verschwinden mit dem Alkohol. Die Probleme der Anderen bleiben trotz Alkohol. Ich brauche keinen Psychiater, keinen Therapeuten, ich bin ok. Philosophisch gesehen habe ich mein Leben im Griff.

Ich bin nicht bei der Krankenkasse. Die machen nur Schulden. Ich bin nicht schuld. Ein Mensch, der keine Krankenversicherung hat, kostet nichts. Das ist logisch. Für jedes Mitglied macht die Wiener GKK jedes Monat fünf Euro Schulden. Diese fünf Euro helfe ich der Krankenkasse pro Monat sparen. Wer dankt mir das? Außerdem! Alle sprechen von gesunder Ernährung. Ich ernähre mich gesund. Wer kann sagen, dass er sich praktisch nur von Kräuter- und Obstprodukten ernährt? Kein ungesundes Fleisch, kein Fett. Man sollte mich als Krankenkassenmitglied anwerben und dafür bezahlen, dass ich Mitglied werde. Ich bin ja praktisch ein Vegetarier oder wie man heute sagt eigentlich „vegan“. Ich muss schon gestehen, dass diese Früchte und Kräuter, mit denen ich mich ernähre, weitgehend zu Luxusprodukten veredelt worden sind in Wein oder Bier oder Schnaps. Aber trotz dieser gesunden Lebensweise bekomme ich nichts als Vorwürfe.

Jeden Monat gehe ich zum Sozialamt. Die kennen mich schon. Die kennen auch meinen Familiennamen. Ich habe kein Interesse daran. Es gibt keine Familie. Ich liege dem Staat nicht auf der Tasche, wie Sie jetzt vielleicht denken. Mit dieser Unterstellung muss einmal grundsätzlich aufgeräumt werden. Ich unterstütze den Staat mit allen meinen Kräften und mit meinem ganzen Vermögen. Ich zahle meine Steuer: 20% Mehrwertsteuer, 5% Alko-holsteuer. Mein Steuersatz ist höher als der der meisten Österreicher – 25%, wer hat das schon. Wenn ein Mensch arbeitet und weniger als 800,- Euro verdient, zahlt er keine Lohnsteuer – das ist nicht anders als bei mir. Aber wer verdient, was ihm ausgezahlt wird? Ein Gehaltbezieher zahlt 10% Steuer für die Wohnung und für die Lebensmittel. 20% zahlt er für alle anderen Produkte. Der kommt nie auf meinen Durchschnitt. Und wo geben sie ihr Geld aus? In Caorle oder auf Mali Luschin oder auf den Seychellen - gleichgültig, wo das liegt, jedenfalls nicht in Österreich. Mein Geld bleibt in Österreich, da bin ich Patriot, ein Nationalist sogar. Es gab da einen berühmten Politiker, der erbte eine enorme Fläche Wald von seinem Onkel mit der Erbschaftssteuer von damals einem Schilling. Ist das ein Vergleich? Was ist das für ein Steuer-satz? Aber selbst wenn jemand von seinem Einkommen 52% Steuer zahlt, wer sagt, dass er nicht um mehr als 52% überbezahlt ist? Der gibt nur seine Überbezahlung dem Staat zurück. Ich bin eigentlich einer der wenigen, die sicher unterbezahlt sind. Wer kommt schon auf einen Steuersatz von mehr als 20% im Durch-schnitt und gibt alles Geld in Österreich aus? Da bin ich Patriot, aber ein verkannter und unbedankter Patriot. Das schmerzt einen schon.

Umweltverschmutzungsmäßig existiere ich praktisch nicht. Mobilitätsmäßig habe ich einen ökologischen Fußabdruck von 0,0. Ich produziere ja kein CO2. Ich fahre kein Auto. Ich fliege mit dem Flugzeug weder Kurz- noch Langstrecken. Ich habe einen ökologischen Fußabdruck wie ein Kind, wie ein Neugeborenes eigentlich. Man kann sich noch gar nicht ausrechnen, welch ein Segen ich für die Zukunft eurer Kinder bin. Es wird ja praktisch alles recycelt, was ich gebrauche. Ich verwende nur Glas in Form von Flaschen. Diese gehen zurück in den Shop oder in den Container. Da habe ich jetzt noch gar nicht gesprochen von meinem Wohnungsaufwand von 0,02 Globalhektar. Der ist ja übertrieben. Ich wohne eigentlich gar nicht. Ich lebe. Ich lebe unter freiem Himmel. Ich bin Zweitnutzer der Abwärme aus U-Bahnschächten und überheizten öffentlichen Gebäuden. Mein Ernährungsindex von 0,33 Globalhektar liegt weit unter dem Durchschnitt. Jeder Mensch darf ein solches Hektar verbrauchen, damit die Erde auch für die künftigen Generationen bewohnbar bleibt. Ich brauche für diesen Lebensstil nur einen geringen Anteil dessen, was mir zustünde. Aber vielleicht sollte man für meine Lebensweise nicht das Wort „Stil" gebrauchen. Die Menschheit müsste mir dankbar sein, denn so umweltfreundlich wie ich lebt kaum einer. Ich kann der Allgemeinheit meine unverbrauchten Globalhektar zur Verfügung stellen. Ich lebe am Existenzminimum. Der Österreicher verbraucht im Durchschnitt 4,9 Globalhektar, das ist pro Person um 3,9 ha zu viel. Was ist da bei all den Österreichern „nachhaltig" und langfristig? Ich möchte nicht eine Bevölkerungsgruppe beleidigen, aber trotzdem soll ein Vergleich gestattet sein. Mit einem Formel1-Rennen verbraucht jeder Rennfahrer mit Langstreckenflug, Training und Rennen, den Aufenthalt noch nicht gerechnet, sein Jahresbudget an Erde, da bin ich sicher. Wovon wird er den Rest des Jahres leben? Er lebt von mir. Er könnte den Rest, den ich nicht nütze, von mir für den

Gehalt nur eines einzigen Tages pachten. Ihm würde es nicht fehlen und ich hätte das ganze Jahr mein Auskommen. Auch Staaten handeln mit Emissionszertifikaten und lügen sich in die Tasche. Warum soll nicht auch ich mit dem, was mir zusteht, handeln? Vom diesem Pachtzins gehen 25% sofort und direkt an den österreichischen Staat als Steuer zurück. Ich investiere in die österreichische Wirtschaft. Oder irgendeiner der Reichen könnte etwas von mir pachten und fußabdruckmäßig ein besseres Gewissen haben? Die müssen ja schrecklich unter ihrer ökologischen Elephantiasis leiden. Ich werde ihr Therapeut. Ich und meine Freunde drücken den Österreichdurchschnitt unter die Fünferdenmarke. Die Grünen müssten sich eigentlich für uns einsetzen, aber politisch gesehen werden wir ignoriert. Ein schöner junger österreichischer Politiker und ein inzwischen verblichener Vorgänger wollen uns in ein Lager stecken, aber diese Geschichte hatten wir schon. Die war nicht sehr erfolgreich. Aber wer nimmt uns politisch wahr? Mir fehlt die Dankbarkeit.

Wir sind keine Wirtschaftsschädlinge. Wer nicht arbeitet, kann der Wirtschaft nur nützen – als Konsument. Wer konzentriert sich sonst ausschließlich auf den Konsum wie unsereins? Wir sind keine Wirtschaftsschädlinge - wir nicht. Was geht dem Staat und der Wirtschaft jährlich durch Arbeits- und andere Unfälle verloren? Sie können ja den volkswirtschaftlichen Schaden, den Autounfälle verursachen, in jedem Wirtschaftsmagazin nachlesen. Den volks-wirtschaftlichen Schaden der Heimwerkerunfälle: die Unfallkrankenhäuser müssen jedes Wochenende Sonderschichten schieben, um diese Menschen zu versorgen. Oder den volkswirtschaftlichen Schaden der Krankenstände, den volkswirtschaftliche Schaden der Arbeitsunfälle? Es gibt ja fast nur noch Volkswirtschaftsschädlinge unter den Arbeitenden. Und dann sitzen welche in überheizten Büros und bekommen dafür ein hohes Gehalt ausgezahlt und rechnen uns vor, wie schädlich wir sind. Verstehen Sie das? Wir müssten uns ja zusammentun, die echten Arbeiter und wir ökologischen Fußabdruckbabys.

Ich beklage mich nicht. Aber einen Vorwurf muss uns keiner machen. Das Sozialamt zahlt uns monatlich ein wenig, damit wir die ersten zwei Wochen des Monats überbrücken können. Das habe ich mir redlich verdient, das habe ich euch vorgerechnet. Von meiner staatlichen Unterstützung zahle ich sofort mindestens 20% durch Steuern zurück und der Rest kommt der inländischen Wirtschaft zugute. Wo sind da die Industriellenvereinigung und der Wirtschaftsbund? Keiner bedankt sich oder setzt sich dafür ein, dass mein Budget für die Förderung der österreichischen Wirtschaft und für mein Steueraufkommen erhöht wird. Keiner bedankt sich, dass ich der Krankenkasse monatlich einiges Geld erspare. Keiner bedankt sich, dass ich ökologisch gesehen eigentlich noch ein Säugling bin. Wer zahlt mir mein ökologisches Kindergeld? Ist es ein Wunder, dass wir hier auf der Straße leben müssen? Ich liebe die Freiheit, aber ich lege Wert darauf, dass man meinen Beitrag für die Gesellschaft schätzt. Ich schade dem Staat nicht. Ich schade auch der Wirtschaft nicht. Ich schade der Umwelt nicht – am allerwenigsten. Ich schade dem Staat nicht, nicht der Krankenversicherung, nicht der Sozialversicherung. Ich habe nie Arbeitslosengeld bezogen. Ich bin unterbezahlt, und ich werde mir sicherer je mehr ich darüber nachdenke und es nachrechne. Aber ich beschwere mich nicht. Ich bin kein Umstürzler. Ich gehe nicht demonstrieren. Ich brauche keinen Polizeischutz. Wer bedankt sich dafür? Der Staat könnte sich verpflichtet fühlen, mir meinen Einsatz zu lohnen. Es ist ja ein Hungerlohn, den ich bekomme, ehrlicherweise sollte man doch Durstlohn sagen. Zu wenig, um mein Auskommen zu haben, zu viel zum Verdursten. Das halbe Monat muss ich durstig sein. Ich verlange keine Erhöhung, aber wer ein bisschen rechnen kann, der wird sagen, dass mir eine Erhöhung zustünde – zum Wohl des österreichischen Staates. Da bin ich Patriot.

Der Querdenker

Ein Beitrag zum Mainstream

Ein Gedanke entsprang einer klaren Quelle. Doch im Fluss der Gedanken wurde sein Wasser trüber. Gedankennebenflüsse verschmutzten durch Verdrehungen, Verkürzungen und Missverständnisse die ursprüngliche Klarheit so, dass der Gedanke bisweilen auch sein Gegenteil bedeuten konnte. Gedankenabwässer wurden dem Fluss zugeführt. Aus dem Gebirge kam allerlei Treibgut, das sich ohne weiteren Zusammenhang dem Gedankenfluss beimischte. Der Gedankenstrom begann breiter und dadurch unübersichtlich zu werden. Er entwickelte sich zu einem echten Mainstream. In der Industriezone wurde er plattgewalzt und zu gleichförmigen Kalendersprüchen gestanzt. Seine Originalität ging verloren. Er wurde zu einem Allgemeinplatz, mit dem sich gerne Politiker, Pfarrer, Entertainer aber auch Coaches schmückten.

Die meiste Zeit floss der Mainstream ruhig dahin - gemächlich und unbedacht. Man konnte in ihm baden. Man konnte sich aus ihm das Beste herausfischen oder einfach am Ufer stehen und ihn gedankenlos an sich vorbeiziehen lassen. Auf diese Weise war der Mainstream in aller Munde. Das gab ihm zwar weder Klarheit noch Bedeutung, doch er gewann an Breite und wurde seichter. Es bildeten sich Seitenarme, Gedankenrinnsale, an deren Ufern allerlei Natur wucherte und wieder vermoderte. Dann wieder mäanderte der Mainstream ziellos dahin. Es gab in ihm keine Orientierung mehr. Die Ufer verwuchsen. Aussicht und Überblick waren nicht mehr möglich. Der Fluss und seine Umgebung schienen zu versumpfen. Der Strom verlor an Klarheit und Kraft.

Doch dann hatten Menschen den Lauf begradigt und die Ufer befestigt, sodass sich der Gedankenfluss wieder beschleunigen und an Kraft gewinnen konnte. Man legte einen Querdenker in den Mainstream und hoffte, aus dem Gedankenstau ein wenig Energie zu gewinnen. Das schien anfangs auch zu funktionieren. Gedankliches Treibgut sammelte sich allmählich an und Denkverunreinigungen von Jahrhunderten lagerten sich ab. Der Stau verlor an Tiefe doch der Mainstream blieb trübe. Wo ein Querdenker liegt, gibt es fast kein Vorwärtskommen. Wer konnte, umging den Staubereich.

Hatte man den Querdenker hinter sich gelassen, floss der Strom wieder ruhig dahin. Weiter flussabwärts lag ein Querkopf im Flussbett. Niemand konnte sagen, seit wann er hier im Fluss lag. Die meisten sagten: „Der liegt immer schon da." Die ihn umströmenden Gedanken hatten ihn glattgeschliffen und den Schädel sichtbar werden lassen. Die Gedanken umspülten ihn konnten aber nicht eindringen. In der Denkhöhle hatten sich Algen abgelagert. Es roch ein wenig abgestanden. Was immer man versuchte, um den Querkopf aus dem Strom zu entfernen, es war vergeblich. Er verharrte unbeweglich in seiner Position. Weder mit Vorsicht noch mit Gewalt konnte seine Lage verändert werden. Die Gedanken umflossen ihn weiter, ohne Notiz von ihm zu nehmen. Würde er nicht da sein, würde man etwas vermissen, aber Nutzen brachte er keinen.

Wenn man Glück hatte und die Zeitlandschaft das Ambiente bot, gewann der Mainstream an Tiefe. Der Gedanke konnte sich klären, sodass man ihm bis auf den Grund sehen konnte. Man fühlte sich an die Quelle erinnert. Die Klarheit schauderte die Menschen und nur wenige wagten einen Blick in die Tiefe. Die meisten der Mainstreams aber verliefen sich im Sand einer unfruchtbaren Wüste.

Verpackungskünstler

Das bekannte Verpackungskünstlerpaar wurde per Brief im Vatikan vorstellig, dass es an einem Projekt mit der Kirche interessiert sei. Weil der Brief an keine bestimmte Stelle adressiert war, suchte man im Posteingang eine zuständige Stelle ausfindig zu machen. Die Unterschrift „Christo" war der Grund, es an die Glaubenskongregation weiterzuleiten. Als man dort das Wort „Projekt" las, ließ man den Brief sofort mit dem Vermerk „nicht zuständig" zurückgehen. Nach einer Wanderschaft durch die verschiedenen Abteilungen, die den Brief mit unterschiedlichen Anmerkungen wie „unwichtig", „uninteressant", „unbedeutend" und Ähnlichem zurücksandten, gelangte er auf den Schreibtisch eines Monsignore für „Kunst und Öffentlichkeitsarbeit". Der machte sich kurzerhand im Internet schlau und ließ sich vom zuständigen Kardinal die Erlaubnis geben, erste Kontakte knüpfen zu dürfen. Nach diesem Hindernislauf durch die vatikanischen Behörden langte die Antwort nach mehreren Wochen bei den Absendern ein. Christo und Jeanne-Claude waren von der schnellen Antwort überrascht, hatten sie doch sehr gegenteilige Erfahrungen mit Behörden in anderen Ländern gemacht. Sofort machten sie sich auf den Weg, bevor man es sich dort anders überlegte. An den Wachen vorbei wurden sie zum zuständigen Büro geleitet.

„Monsigneur", begann der Künstler. Doch der Monsignore war begierig sein Internetwissen zu präsentieren und begann sofort über die eindrucksvollen Arbeiten zu sprechen, die jene geleistet hätten, und dass er beeindruckt sei, wie sie das alles geschafft hätten nicht nur technisch sondern auch finanziell, und dass er sich geehrt fühle, dass man nun die Kirche ausgewählt hätte, und dass das Projekt mit der Kirche sicher Erfolg versprechen würde.

Im Fall der Kirche müsse man sich auch um eventuell benötigte Stoffe für die Verpackung einer Kirche keine Sorgen machen, denn die vatikanischen Geheimarchive würden jede Menge Stoff bergen. Unter anderem lägen dort noch Ballen aus Purpurstoff, die seit dem Konzil überflüssig seien, da die Kardinäle jetzt keine weiten Umhänge und langen Schleppen mehr trügen. „Monsigneur", begann der Künstler von neuem, nachdem dem Monsignore kurz die Luft als auch die Gedanken ausgegangen waren, „vielen Dank für die schnelle und prompte Antwort. Die Kirche ist eine bedeutende Institution mit schönen und für unsere Arbeit interessanten Gebäuden. Wir dachten, dass es für die Kirche besonders in dieser Zeit von Bedeutung sein könnte, einmal anders gesehen zu werden. Sie würde zeigen, dass sie der Moderne gegenüber durchaus aufgeschlossen sei. Die Kirche ist ein Bereich, in dem wir noch nie gearbeitet haben. Das reizt uns an diesem Projekt besonders. Das ganze Unternehmen wird der Kirche auch nicht einen einzigen Peterspfennig kosten. Wenn Sie geeigneten Stoff zur Verfügung stellen können, ist uns das sehr willkommen. Wenn wir eine grundsätzliche Erlaubnis bekommen, würden wir gerne mit Ihnen gemeinsam ein geeignetes Objekt auswählen." Der junge Sekretär, der ein wenig abseits sitzend sich einige Notizen machte, dachte bei sich: Eine Kirche verpacken? So viel Stoff. Das viele Geld. Könnte man das nicht besser für die Armen verwenden? Nachsinnend verlor er den Faden des Gesprächs und schon wurde zum Mittagessen gerufen.

Der Sekretär fühlte sich jetzt gedrängt, jenes Gesetz zu brechen, das in Italien am striktesten eingehalten wird. Er wollte selbst auch gerne einen Beitrag zum Gespräch über Kunst und Verpackung leisten. Anstelle Siesta zu halten verließ er deswegen den Vatikan und trat in einen nahestehenden Laden, den er vom Vorübereilen kannte. Aus diesem kamen immer wieder Menschen mit schön gebundenen Paketen. Das Fräulein hinter dem Ladentisch sah den jungen Priester und lächelte ihn an. Etwas umständlich trug er seine Bitte vor. „Was muss man beachten, wenn man etwas Wertvolles verpacken will?“ Sie blickte in seine jungen und klaren Augen und erzählte, dass man Rücksicht nehmen müsse ob Mann oder Frau, ob Kind oder Erwachsener, ob alt oder jung, ob konservativ oder doch aufgeschlossen, ob aus Europa oder aus einem anderen Erdteil und bisweilen müsse man sogar auf das Herkunftsland Rücksicht nehmen. Während sie sprach liefen seine Gedanken auf Hochtouren: So viele verschiedene Verpackungen für die Kirche? Wer wird sich dann noch orientieren können? „Woher wissen Sie, wie Sie etwas verpacken sollen?“ „Ich rede mit den Menschen, und während des Redens entstehen die Pakete, ganz auf den Empfänger abgestimmt.“ Die Zeit war im Nu verflogen und er musste an seine Arbeitsstelle zurück.

Dort hatte der Monsignore beim mittäglichen Kaffee das Gespräch aus Angst vor der eigenen Courage auf die Bedeutung der Kirche als eine geistige Institution gelenkt. Die Künstler sahen sich dadurch noch mehr herausgefordert und sagten: „Auch wenn es sich um eine geistige Institution handelt, hindert das nicht, von einem verhüllten Gebäude auf das Wesen einer Institution zu schließen. Welches Gebäude wir dann am besten auswählen, muss vor Ort entschieden werden.“ „Die eigentliche Aufgabe der Kirche aber liegt in der Verkündigung der Frohen Botschaft von Jesus Christus“, versuchte der Monsignore noch einmal abzuwehren. Die Ideen der Künstler einmal in Gang gekommen konnten in ihrer Kreativität kaum zum Stillstand gebracht werden, und sie meinten, dass man sich dann von neuem die Frage stellen müsse, wie etwas zu verpacken sei, damit etwas bisher im Evangelium Verborgenes ans Licht gehoben werden könnte? Für den

Monsignore taten sich Verstehensbereiche auf, die ihm bisher nie in den Sinn gekommen waren. Das Künstlerpaar bedankte sich für die vielen neuen Denkanstöße und verabschiedete sich.

Den jungen Priester bedrängte jetzt eine neue Frage. Am nächsten Tag brach er ein zweites Mal das eherne italienische Gesetzt der Siesta und trat in jenen Laden. Sie sah seine jungen klaren Augen. „Wenn ich jemandem eine Frohe Botschaft bringe“, sagte er, „wie soll ich diese verpacken?“ Sie antwortete sehr spontan und sagte: „Wenn Sie jemandem eine gute Nachricht bringen, dann sollten Sie diese gar nicht verpacken. Sie müssen sich zuerst selbst darüber freuen, diese zu kennen. Dann ist es nicht mehr wichtig, ob jemand alt oder jung, Mann oder Frau, Kind oder Erwachsener ist. Sie wird gehört werden.“ Er dachte: Wenn ich eine frohe Botschaft bringe, dann soll ich sie nicht verpacken, sondern mich an ihr freuen. Während sie miteinander sprachen, war unter ihren Händen ein kleines Päckchen entstanden, das sie ihm nun überreichte. Er stammelte einen Dank, errötete leicht und sie sah ihn schon mit wehender Soutane hinter den Mauern verschwinden und lächelte.

Auch nördlich der Alpen hatte man sich über die Verpackung der Frohen Botschaft Gedanken gemacht. Man hatte es dort mit dem Schnüren von Paketen schon zu einiger Fertigkeit gebracht und dachte nun daran, sich größeren Aufgaben zu widmen. Es schien Sand in das Getriebe der Kirche gelangt zu sein. Sie bewegte sich nicht. Ist es der Papst? Ist es der Vatikan, dessen dicke Mauern mehr als symbolisch erscheinen? Aber wie oft denkt unsereins an den Papst, wenn er etwas sagen will? Und wie oft lässt sich jemand von uns durch vatikanische Aussagen leiten? Auch aus der Beobachtung der Gemeinden zeigte sich keine klare Richtlinie. Erfolg und Misserfolg finden sich gleicherweise bei Alten und bei Jungen, bei Konservativen und Progressiven, bei Priestern aus dem Osten und dem Westen, in Europa und in den anderen Kontinenten. Und alle haben denselben Papst. Sollte man ihn deswegen als Grund ausschließen? Ein Vergleich mit anderen Konfessionen führt auch nicht besonders weit, leiden doch die Kirchen der Reformation ebenfalls an Mitgliederschwund. Während die deutschsprachige Glosse für die Katholische Kirche in Diagnose und Therapie sofort eine Antwort in der römischen Ignoranz fand, konnte oder wollte man sich für die andere Konfession nicht festlegen. Ihre Kirche hätte zu wenig Profil, war aus deren eigenem Mund zu hören gewesen, außerdem stehe sie in Gefahr, eine „Religion light“ zu werden, die niemanden mehr hinter dem Ofen hervorlocke, meinte andererseits ein bekannter Philosoph. Unlängst lenkte die Annonce einer evangelischen Kirchengemeinde Aufmerksamkeit auf sich, in der es hieß, dass man einen gläubigen Pastor suche. Wäre vielleicht doch das Verdunsten des christlichen Glaubens in der westlichen Gesellschaft das zentrale und ein gemeinsames Anliegen? Wie soll unter diesen Bedingungen Kirche gestaltet werden? An den Schreibtischen wurden Konzepte entworfen und durch Diskussionsrunden gewälzt. Man konnte sich über keine Lösung einig werden - auch nicht durch demokratische Abstimmungen. Man ließ vorerst alle Konzepte nebeneinander bestehen. So war man über das, was man Verpackung nannte, einmal mehr in Unsicherheit geraten. Während man sich also derart über „Verpackungen“ ereiferte, fragten sich andere, was man damit eigentlich meine? Den meisten schien aus dem Blick gekommen zu sein, was sie verpacken wollten. Man wollte doch die „Frohe Botschaft“ verpacken. Hatte man das Pferd von der falschen Seite aufge-zäumt? Die Gedankenmühle lief auf hohem geistigem Niveau. Einige Fragen blieben ausgespart: Woran soll man denken, wenn in fünfzig Jahren vom Christentum oder von der Katholischen Kirche die Rede ist? Welche Botschaft von Gott haben wir für die

Menschen? Können wir durch das Evangelium in den Menschen noch Freude, Dankbarkeit, Glauben und Vertrauen wecken? Werden die Menschen durch das Kennenlernen Jesu ihr menschliches Leben als Heimat erfahren?

Der junge Priester lag indessen nachsinnend auf seinem Bett und wiederholte für sich noch einmal den Satz der Verkäuferin: „Wenn du jemandem eine frohe Botschaft bringen willst, musst du dich zuerst selber darüber freuen. Dann wird sie auch von den Menschen verstanden werden."

„Einen Glossisten müsste man haben!"

Eine Fiktion

Es war schon lange uninteressant geworden, Tageszeitungen aufzuschlagen. Die riesigen Fotos mit ihren austauschbaren Untertiteln veranlassten kaum jemanden, eine Zeitung zu kaufen. Gute Nachrichten interessierten nicht und wurden sofort überblättert. Wozu brauchte man diese Speichelleckerei? Man wollte ja nicht auf das Niveau diverser kirchlicher Blätter sinken. An die schlechten Nachrichten aber hatten sich die Menschen gewöhnt. Der Leitsatz für alle Zeitungsherausgeber „Only bad news are good news", griff nicht mehr. Man suchte verzweifelt nach so einprägsamen und gewinnbringenden Leitlinien, aber ein solcher Sager war für die Branche nicht in Sicht. Gab es allerdings keine negativen Nachrichten, fragte man sofort: Gibt es nichts Neues? Die Wörter „Unglück" und „Katastrophe" waren durch den exzessiven Gebrauch in der Presse mit dem Wort „Neuigkeit" synonym geworden. Die Eigentümer der Zeitungen und Zeitschriften stellten an die Profession der Journalisten immer höhere Ansprüche. Um wirklich am Pulsschlag der Zeit zu sein, mussten sie ständig in Wartestellung leben. Beim Duschen lag das feuchtigkeitsresistente Handy in unmittelbarer Nähe. Im Kasten, über den Stühlen, auf dem Bett hingen oder lagen diverse Kleidungsstücke, damit man jeweils dem Anlass entsprechend gekleidet erscheinen konnte. Journalisten hatten den Models in der Geschwindigkeit des Kleiderwechselns den Rang abgelaufen. Die rasenden Journalisten fanden kaum noch Zeit einen wirklich spannenden Bericht zu verfassen. Die Inhalte auf ihre Realitätskonformität zu prüfen, hatte man längst aufgegeben. Man punktete jetzt mit „News" aber nicht mit Inhalten. Mit dem Satz „Es gilt die Unschuldsvermutung" konnte man sich zudem jeder Verantwortung entziehen. Zu den spannendsten Seiten zählten noch die Todesanzeigen, solange man sich nicht selbst darunter befand. Die alten und treuen Leser begannen dort mit der Lektüre, um nach einem erleichterten Seufzer den Rest zu überblättern. Trotz der enormen Anstrengungen waren die Printmedien einem täglichen Überlebenskampf ausgeliefert. Das Zeitungswesen befand sich im Sturzflug.

Einzig die Glossen lockten noch Leser an, da die Glossenschreiber echte Qualität abliefern mussten. Jeden Tag standen sie vor der neuen Herausforderung: Wie kann ich in hundert Zeilen Text die kompliziertesten Vorgänge der Gegenwart zusammenfassen? Dazu sollten sie in diesen wenigen Zeilen gleichzeitig Beschreibung, Diagnose und Therapie für die aktuellen Probleme liefern. Allerdings fristeten die Glossenschreiber zwischen den mit Fotos aufgeblähten Berichten ein kümmerliches Dasein. Sie wurden von den Bildern erdrückt. Für den hohen Anspruch fanden sie nur schlechte Bezahlung und die Aufstiegsmöglichkeiten waren sehr begrenzt.

Doch unvermutet kam Abhilfe aus einem völlig anderen Bereich. Die Politiker waren auf derlei Journalisten aufmerksam geworden. Bisher waren sie immer auf der Suche nach Menschen, die komplizierte Vorgänge kurz und verständlich zusammenfassen konnten. Der Satz „Es ist alles sehr kompliziert“ hört sich aus dem Mund eines Politikers nicht besonders gut an. Daher suchten sie die Glossenschreiber, damit sie ihnen die oft komplexen Inhalte in wenigen Sätzen zusammenfassten. Die Politiker warben den Zeitungen die Glossenschreiber ab, sodass bald ein Mangel an Journalisten dieses Genres entstand. Damals konnte man bei den Politikern aller Couleurs oft den Seufzer hören: „Einen Glossisten müsste man haben!“ Das bedeutete so viel wie: „Ich habe gerade ein Problem.“ Oder: „Kann mir das jemand erklären?“ Oder: „Es ist ziemlich kompliziert.“ Oder: „Ich brauche wieder einen treffenden Satz." Oder: „Ich würde das gerne auf den Punkt bringen?" Diese Seufzer waren in den oberen Etagen der Parteizentralen nicht ungehört geblieben, spiegelten sie doch nur die eigenen Probleme auf weniger bedeutendem Niveau wieder.

Glossisten waren plötzlich gefragt. Sie konnten sich aussuchen, ob sie bei einer Zeitung arbeiten wollten oder doch lieber in die Politik gingen. Die meisten strebten anfangs einen Job bei einer Zeitung an. Dort mussten sie sich in der Regel von einem Bezirksblatt zu den wirklich bedeutenden Blättern hocharbeiten. Wenn man die Stufe erreicht hatte, dass man für den Boulevard schreiben durfte, hatte man beste Voraussetzungen, von einem Politiker angeheuert zu werden.

Das Studium an der Journalistenakademie war inzwischen fast unmöglich geworden. Die jungen Leute kämpften um die Studienplätze. Obwohl die Akademie aus allen Nähten platzte, gab es einen Mangel an Glossisten. Durch diese Notlage bedrängt, fanden sich die Pressesprecher aller Parteien zusammen. Es sollte ein neues Studium an einer Fachhochschule eingerichtet werden. Die Universitäten produzierten zu viel Theorie. Die dickleibigen Dissertationen verstaubten in den Universitätsbibliotheken. Und bevor die Erkenntnisse zur Anwendungen kamen, waren sie auch schon veraltet. Es sollte ein kürzeres und dynamischeres Studium entwickelt werden. Die Fachhochschulen boten sich dafür an. Dort wurde sowohl profundes als auch alltagstaugliches Wissen vermittelt und eingeübt. Das Studium des Glossisten musste auf alle Fälle den Bedürfnissen der Tagespolitik angepasst sein, wenn es seinen Sinn erfüllen sollte.

Am Anfang standen Übungen, in denen die Studierenden komplizierteste Sachverhalte in einem oder zwei Sätzen leicht verständlich zusammenfassen mussten. Darunter litt zwar die inhaltliche Substanz, doch durfte diese um der Dynamik des Textes willen vernachlässigt werden. Ein Seminar war gedacht, die Journalistenlehrlinge für Reizwörter zu sensibilisieren. „Klischees an Stelle von Fakten!" lautete das Motto. Das sollte auch den Lesern helfen, die eigene Welt leichter zu ordnen. Anhand von Reizwörtern konnte man Menschen einfach und schnell einer Gruppe oder Lebenseinstellung zuordnen und sich selbst davon distanzieren. Die gängigsten dieser Reizwörter waren Rassisten, Traditionalisten, Nationalisten, Rechtsextremisten, Linksextremisten, Fundamentalisten, Islamisten, Christen, Maschinisten ... Mit Spaß und Engagement suchten die Studierenden die Schwachstellen dieser Gruppen aufzuzeigen und dann auf eine sehr vornehme Weise bloßzustellen. Nur den „bekennenden Nonkonformisten" konnten sie nicht beikommen. Bei diesen flimmerte und oszillierte alles und ihre Überzeugungen ließen sich kaum fassen.

Der schwierigste Teil des Studiums bezog sich auf die Formulierung von Lösungsimpulsen. Sachlich würden sich immer mehrere Möglichkeiten anbieten, sagten die Unterrichtenden. Es käme jedoch darauf an, den Geschmack der Lesergruppe der eigenen Zeitschrift zu treffen. Dem Leser sollte nach der Lektüre wie in einer Erleuchtung ein „Ja!" in den Sinn kommen und der Satz „Genau so habe ich das auch gedacht". Die Leser sollten sich durch ihre eigene Zeitung bestätigt fühlen. Für diese Art von Ermutigung würden doch viele eine Zeitung abonnieren, auch wenn sie sonst kaum darin läsen. Die Studierenden mussten daher um die vielen Untersuchungen Bescheid zu wissen, durch die die Herausgeber die Interessen und Einstellungen der Leser erforscht hatten, um in ihrer Zeitung entsprechend schreiben zu können. Doch fast immer konnte man eine Glosse mit Aufforderungen dieser Art schließen: „Es stünde ihnen gut an, wenn ....", „Es wäre hoch an der Zeit, wenn ...", „Es ist spät aber vielleicht noch nicht zu spät, um zu ..." Mit einer von diesen Empfehlungen hätte ein Journalist seine Aufgabe erfüllt.

Die Absolventen der Akademie wurden von Glossistenscouts für ihre Auftraggeber angeworben. Jetzt mussten sie nicht mehr über die Leser ihrer Zeitung sondern über das Profil der Partei und die Stärken ihres Dienstgebers Bescheid wissen, damit sie in wenigen Worten jene Lösung anbieten konnten, in der sich das Parteiprogramm des Redners wiederspiegelte. Zudem sollte ausgedrückt werden, dass man die Interessen der Bürger des Landes am besten vertrete und dass die Sorge um die Bürger des Staates schon immer eine Motivation für die eigene politische Arbeit gewesen sei – und das sowohl im Beruf als auch im Ehrenamt. In den Hörern musste das Gefühl zurück bleiben: Ich vertraue ihm. Der ist authentisch. Der tut, was er sagt.

Die Glossisten gründeten eine Untergruppe in der Journalistengewerkschaft. Durch ihre Bekanntschaft mit den einflussreichsten Politikern konnten sie es erreichen, dass es verboten wurde, Glossisten in anderen Zeitungen anzugreifen oder verächtlich zu machen, denn es war Teil des Glossistenethos, Leute aufs Korn zu nehmen. Dies konnte man nur dann treffend tun, wenn man sich nicht vor allen möglichen Anzeigen hüten musste. Die Glossisten galten als die Saubermänner der Zeitungen, der Politik und des Staates überhaupt.

Doch jetzt war ein Politiker neuen Typs aufgetaucht. Er konnte die kompliziertesten Sachverhalte so einfach darstellen, dass es den Menschen schien: Der spricht mir aus dem Herzen. Er vermittelte das Gefühl: Der versteht mich. Man musste nicht mehr verstehen, was er sagte, und noch weniger, was er wirklich meinte. Er sprach boulevard. Er brauchte keine Glossisten fürs

Vereinfachen. So waren die Glossenschreiber nach und nach in der Politik ersetzbar geworden und drängten wieder an die Schreibtische der Redaktionen zurück, um ihre spitze Feder den wichtigen Erscheinungen der Tagespolitik zu widmen.

PS: „Elf Halbwahrheiten ergeben keine ganze Wahrheit“ (mit Dank an Erzbischof Róbert Bezák).

Liberté

Eine Attacke

„Nach dem Anschlag auf Charlie Hebdo sind folgende Opfer zu beklagen: Meinungsfreiheit, Demokratie, Kunst, Satire, kulturelle Vielfalt ..." (für C.H.).

Vor dem Anschlag in Paris waren folgende Opfer zu beklagen: Gleichheit, Brüderlichkeit, Respekt .... (PJ).

Die Freiheit tritt in das Spiegelkabinett. Sie sieht ihre verzerrte Gestalt in den Spiegeln:

Aus dem ersten Spiegel ruft der Anwalt: „Die machen das schon 30 Jahre. Die dürfen das". - *Ein Gedanke: „Und wie viele Jahre muss man Unrecht tun, damit es ethisch gerechtfertigt ist?"* Im nächsten Spiegel treten einander gegenüber das strenge Gesetz und die große Freiheit: „Du darfst in der Öffentlichkeit nicht küssen, aber du hast die Freiheit in der Öffentlichkeit eine Waffe zu tragen." - *Eine Erinnerung: Durch diese Waffen sind in den letzten Jahrzehnten mehr Unschuldige gestorben als verteidigt worden sind.* Gleich nebenan: „Die „political correctness" verbietet dir, „Nigger" zu sagen." *Die Erfahrung sagt: Wenn du einen Schwarzen tötest, sei ohne Furcht, die Ermittlungen werden im Sand verlaufen.* Aus einem anderen Spiegel: „Was darf Satire? Alles!" (K.T.) – *Niemand wagt einem Satiriker zu sagen, dass er schlechte Arbeit macht, aus Angst, selbst verzeichnet zu werden - und dazu noch schlecht.* Die Neuheit 2016: „Es muss das Recht geben, auch Respektloses publizieren zu dürfen" (S. H.). – *Die Augen der Freiheit werden starr und ihr Mund öffnet sich zu einem Fragezeichen. - Gibt es ein Recht auf Respektlosigkeit?* Aus dem letzten Spiegel tönt es: Unsere Freiheit ist absolut! - *Die leise*

Stimme des doppelt Verfolgten und zweimal in Haft gesetzten: „Die Freiheit ist nicht das höchste Gut“ (W.B.).

Als vor Jahren der alte Mann im weißen Gewand mit den roten Schuhen an einer Universität einen Vortrag über die „Möglichkeit für einen Dialog der Kulturen“ hielt und dabei ein Gespräch zwischen einem Muslim und einem christlichen Kaiser Jahrhunderte zurückliegend zitierte, bei dem Mohammed mit Gewalt in Zusammenhang gebracht wurde, bellte die Meinungsmeute: „Das darf er nicht!“ Aber der alte Mann hat das Gespräch mit den Anderen gesucht, vor dem Vortrag und danach. Und als davor und danach wegen öffentlichem Spott über den Islam und seinen Propheten Demonstrationen in vielen Ländern stattfanden und Menschen bedroht wurden, jaulte die Meinungselite: „Unsere Freiheit!“ - Doch wer wird mit jemandem das Gespräch suchen, für den man vorher Gegenstand einer Satire war?

In demokratischen Ländern muss nicht für die Pressefreiheit gekämpft werden. Die Pressefreiheit wird durch den Staat geschützt inklusive jene, die deswegen bedroht werden. Die Pressefreiheit ist nicht um ihrer selbst willen gegeben. Sie wird geschützt, um dem Staat und den Menschen zu dienen. Diese Freiheit aber steht nie im Dienste des Staates, was ein Widerspruch wäre. Wer stellt sich angesichts der gesicherten Meinungsfreiheit die Frage: Könnte es Werte geben, die allein durch eine Selbstbeschränkung der Presse geschützt werden könnten? Die Freiheit ist erst ganz, wenn auch die Freiheit zur Selbstbeschränkung eine mitgedachte Möglichkeit ist.
Es gab eine Zeit, ein gutes Menschenalter her, als die Satire eine Bevölkerungsgruppe lächerlich machen durfte. Wer hört das heute nicht mit Abneigung? Aber wer konnte sich damals wehren? Die Presse stand im Dienste des Staates. Wo die Presse im Dienste des Staates steht, muss man für deren Freiheit kämpfen. Das

aber ist immer mit dem Risiko des Freiheitsentzugs verbunden. Es ist kein Kampf um Pressefreiheit, wenn man in ihrem Schutz hinter dem breiten Rücken von „Vater Staat" hervorätzt und dadurch all die anderen gefährdet, die nicht diesen Schutz genießen. Zum Publikum sagte er bei der Verleihung eines Preises für Pressefreiheit: „Ihr sitzt hier auf eigenes Risiko"(L.V.). Wenn das schon nicht sensibel für die Situation der Gäste war, dann war es immerhin der Versuch eines Scherzes. Doch ist das wie ein „Pfeifen im Wald". Er sagte: „Das ist das große Problem: Dass die Furcht überall ist" (L.V.). Unbeeindruckt?
Wer will heute schon einen Preis für Meinungsfreiheit? So wenig möchte man auch wieder nicht sagen.

Auf die Frage, was man angesichts der Katastrophe an der Columbine Highschool hätte machen sollen, antwortete der Schockrocker: „Ich wäre hingegangen und hätte ihnen zugehört." Wer ist damals, als Steine flogen und Autos brannten, in die Außenbezirke zu den Verlierern der demokratischen Gesellschaft hinausgegangen und hat zugehört? Wer von jenen, die auch für diesen Teil der Stadt öffentliche Verantwortung tragen? Oder einige engagierte Sozialarbeiter? Wer von jenen, die aus den Randbezirken stammen und sich jetzt im Zentrum niedergelassen haben? Oder vielleicht jemand von der Katholischen Kirche wie einst Madeleine Delbrêl: „Unsere Nachbarn die Moslems"? Wer ist zu jenen hinausgegangen, denen von der Freiheit nur die Ungleichheit geblieben ist aber keine Brüderlichkeit?

Doch die „Verlierer" wurden ein zweites Mal vergessen und dem Spott der Bildungsgesellschaft ausgeliefert. Sie wurden den Menschen ausgeliefert, die ihre Bleistifte wie Waffen tragen. Der Bleistift als einzig erlaubte Waffe trifft jene, die den Umgang mit ihr nie gelernt haben. Sie trifft die Migranten ins Herz. Der Flüchtling verliert zuerst seine Identität. Von dieser bleibt ihm vielleicht noch die Religion, die er jetzt beschmutzt sieht. Der Stift zielt auf Syrien trifft aber die Menschen in den Vorstädten. Der Stift aus Europa zielt auf Pakistan trifft aber Christen in verschiedensten Ecken der muslimischen Welt. Diese Opfer der europäischen Pressefreiheit werden nur noch als Bestätigung der eigenen Meinung gesehen: „Die sind ja doch gewalttätig!" Könnte man die beanspruchte Freiheit angesichts dieser Opfer nicht auch zynisch nennen? Wer diese Zusammenhänge zu verstehen versucht, muss noch kein Verständnis dafür haben, dass man auf das Blei aus den Stiften mit Blei aus Gewehren antwortet. Was wird man machen, wenn diese Menschen vor den Redaktionspalästen der großen europäischen Zeitungen oder vor dem Europaparlament mit einem Hungerstreik ihr Recht auf Respekt einfordern? Das Freiheitsgesäusel im Blätterwald würde zu einem Rauschen, das ruft: „Das dürfen sie nicht! Sie üben moralischen Druck auf unsere Meinungsfreiheit aus. Das darf nicht sein!"

Warum richtet die Satire nicht hin und wieder den Stift gegen sich selbst? Die heutige Satire ist viel zu seriös, um über sich selbst zu spotten, und die Vernunft ist viel zu ernst, um Witze über sich selbst zu machen. Das ist leider einigen Religionen vorbehalten geblieben allen voran der jüdischen, die den Witz mit Intelligenz, Humor und einer Brise Selbstironie zu einer eigenen literarischen Gattung gemacht hat. Chapeau!

Vermutungen

und andere Unschuldigungen

Haben Sie je schon etwas Gutes vermutet? Vermutlich nicht. Man vermutet doch, dass da noch etwas anderes dahintersteckt. Man vermutet, dass nicht alles mit rechten Dingen zuging. Man vermutet, weil man etwas nicht so genau wisse und daher noch nicht sagen könne ... Meist vermutet man, dass hinter etwas augenscheinlich Gutem etwas Schlechtes steckt. Man vermutet etwas anderes als sichtbar ist. Gilt das auch für die vielzitierte und viel geäußerte Unschuldsvermutung? Man vermutet Unschuld dahinter doch im Vordergrund steht etwas anderes. Man vermutet Unschuld und legt darauf Wert, dass sie nur vermutet ist. Die Unschuldsvermutung als vermutete Unschuld ist eine öffentlich festgestellte Schuld mit dem Feigenblatt von Fairness. Wir können lernen, wie man mit gezinkten Wörtern spielt.

Die Englischsprechenden sagen für „vermuten“ nicht umsonst „suppose“, was direkt aus dem Lateinischen übersetzt „unterstellen“ bedeutet. Unterstellt wird den Menschen doch nur Schlechtes. Unterstellt wird etwas, wofür es keine äußeren Anzeichen gibt. Gutes wird nicht unterstellt ausgenommen, dass einem Menschen guter Wille unterstellt wird verbunden meist mit einem mitleidigen Lächeln. Der gute Wille, der unterstellt wird, vernichtet alles, was an Gutem vorhanden sein könnte. Die Unterstellung eines guten Willens ist eher ein „good will“ des Sprechenden, eine bescheidene Anmerkung zur eigenen Großzügigkeit. Eine unbescheidene Anmerkung, die ausdrückt, dass man über die Äußerungen von anderen urteilen könne. Zurück: Die Unschuld, die unterstellt wird, für die es keine Anzeichen in der Realität gibt, nimmt dem Beklagten die Unschuld und unterstellt dem Untersteller eine großzügige Haltung.

Außerdem, wer möchte schon eine Vorverurteilung aussprechen? Das liege einem fern. Anschuldigungen würden nicht ohne Grund gemacht. Man gehe auch anonymen Anzeigen nach, denn manche hätten Angst, wenn sie gegen ein System arbeiteten, dass ihnen das schade. Das System würde ja sich selbst schützen und den Einzelnen zum Opfer machen. Darum müsse man den Einzelnen durch die Anonymität in Schutz nehmen. Jedenfalls sei man verpflichtet, Material zu sammeln. Es habe sich dabei ein ganzer Berg von Verdachtsmomenten angehäuft, denen man nachgehen müsse. Nichtbelastendes sei nicht gefunden worden. Eine Vorverurteilung möchte man aber auf keinen Fall abgeben, die Untersuchung diene vielmehr der Öffentlichkeit, die ein Recht habe zu erfahren, was man wisse. Etwas von dem, was kommuniziert werde, bleibe zwar immer an den Menschen haften, doch wäre das nicht ohne Grund so. Das eigene Amt zwinge einen zur Objektivität. Der Aufdecker und Anschwärzer schreitet mit weißer Weste den medialen Catwalk ab.

Zudem würde man nicht gerne in ein laufendes Verfahren eingreifen. Man dürfe nicht mehr sagen, als man bereits gesagt habe. Es liege ohnehin alles offen. Die Verantwortlichen würden an dem Fall arbeiten. Die Unterlagen würden durchgesehen. Man arbeite sehr schnell und gewissenhaft, wie man erfahren habe. Es bestehe Berichtspflicht zwischen den Einrichtungen. Doch liege die Verantwortung für weitere Informationen nicht bei einem selbst sondern bei der anderen Institution. Es sei alles dokumentiert. Man hätte nur seine Pflicht getan, anderenfalls würde einem später ein Vorwurf gemacht werden. Man wisse, dass man selbst rechtens vorgegangen sei und sich nichts vorzuwerfen habe.

Aber wir wehren uns gegen Vorverurteilungen jeder Art. Wir stehen voll hinter diesem Mann. Er ist eine moralisch aufrechte

Person, die sich um unser Land verdient gemacht hat. Wir lassen sein Ansehen nicht beschmutzen. Missgünstige Personen haben da etwas ins Rollen gebracht. Gerüchten oder Anzeigen ohne Namensangabe können wir leider nicht beachten. Es wird durch Gerüchte etwas in Gang gesetzt, das keinen realen Hintergrund hat. Vielen geht es da nicht um eine Sache sondern um Person, das wollen wir verhindern. Wir wissen, dass er ein reines Gewissen hat. Sein gutes Gemüt Ist von anderen missbraucht worden. Die Sache wird von unseren eigenen unabhängigen Gremien untersucht werden. Wir streben ein objektives Urteil an. Sogenannte Experten von außen gehen mit vorgefassten Meinungen an die Untersuchungen heran. Die Medien werden zu gegebener Zeit informiert werden.

© 20180409

Realökonomie

Zehn erfahrungsgesättigte Grundsätze

1. Der Chef bezahlt mich, damit ich zur Arbeit gehe. Der Kunde bezahlt mich, damit ich arbeite.
2. Was ich in fünf Stunden fertigstellen kann, kann ich gut auch in acht Stunden machen.
3. Wer arbeitet, hat keine Zeit zum Geldverdienen.
4. Wenn ich Geschäfte vermittle, von denen ich nicht profitiere, bedarf das einer außerordentlichen Honorierung (honor, lat. = Ehre).
5. Der Anteil der Antikorruptionsbehörde darf 10% des Gesamtbetrages nicht übersteigen.
6. „Freunderlwirtschaft“ und „Familieninteressen“ ersparen dem Staat subsidiäres Handeln.
7. Eigentum eines Staates, der nicht mehr existiert, geht in die Verfügungsgewalt des Bestinformierten über.
8. Schattenwirtschaft ist dann möglich, wenn einer einen großen Schatten wirft.
9. Schwarzarbeit leistet einen unverzichtbaren Anteil am BIP.
10. Von den Schulden, die ich nicht bezahle, kann ich noch einige Zeit gut leben.

© 20150608

Kulturrevolution

Verantwortete Werte und verwirrende Worte: eine Klarstellung des Vorsitzenden

„Ich darf mir heute erlauben, zu den in den letzten Monaten in verschiedensten Medien über unser Unternehmen erschienen Nachrichten eine Klarstellung zu bringen. Wie Sie wissen hat unser weltweit verzweigter Konzern in den letzten Jahren, man kann schon sagen Jahrzehnten, immer eine äußerst positive wirtschaftliche Performanz gezeigt. Unsere Aktien gehörten und gehören zu den begehrtesten. Unsere Unternehmensphilosophie sagt, dass die Gewinne unseres Konzerns nicht allein den Shareholdern zu Gute kommen sollen sondern allen Mitarbeitern, weil wir der Überzeugung sind, dass ein Unternehmen nur so gut ist, wie sich der letzte Arbeiter für seinen Betrieb einsetzt. Wenn gemeinhin gesagt wird, dass wir uns auf verbrecherische Weise Wettbewerbsvorteile verschafft hätten, dann erlaube ich mir zu erwidern: Mit Verbrechen haben die Vorkommnisse in keiner Hinsicht etwas gemein. Es war weder Erpressung, noch Gewalt, noch Nötigung, noch Korruption im Spiel. Keines dieser Merkmale, die Verbrechen kennzeichnen, war gegeben. Daher ist das Wort Verbrechen in diesem Zusammenhang äußerst unangebracht und schärfstens zurückzuweisen. Man könnte vielleicht von „Unregelmäßigkeiten“ im Produktionsfortgang sprechen, wenn man damit betont, dass derartige Vorkommnisse eben nicht der Regelfall sind. Andererseits gibt es Leute, die behaupten, dass wir unseren Kunden Schaden zugefügt hätten. Die Tschechen sagen „Škoda“ und meinen Schaden. Wir aber haben sicher niemandem Schaden zugefügt. Die Abgasmessungen auf dem Prüfstand ergaben zwar nicht dieselben Ergebnisse wie im Realbetrieb, aber das ging in keiner Weise zu Lasten des Kunden, was ich später noch umfassender darstellen will. Manch einer möchte vielleicht sagen, dass daraus der Umwelt Schaden erwachsen wäre. Das ist aber ein Vorwurf, dem nur bedingt Gültigkeit zukommt. Unsere Betriebe waren von jeher darauf bedacht, sehr umweltschonend zu arbeiten und zu produzieren, sowie auch unsere Produkte für einen umweltfreundlichen Betrieb auszustatten. Wir waren in diesem Bereich den Mitbewerbern auf dem Markt immer um Jahre voraus. Wir müssen zwar gestehen, dass wir in diesem Fall nicht so perfekt waren, wie es für uns sprichwörtlich ist, aber wir liefern immer noch gute Ergebnisse - im Vergleich. Und wenn ich mich zu unserer Wirtschafts-branche im allgemeinen äußern darf, ist es nicht gerecht, die Autoindustrie als jene hinzustellen, die der Umwelt am meisten schaden würde. Wie wir wissen, ist der Flugverkehr um vieles schädlicher, da er seine Abgase in einem atmosphärisch sensiblen Raum ausstößt. Und obwohl ich nicht Fachmann bin, höre ich, dass durch die Lebensmittelindustrie wegen weggeworfener Lebensmittel und verfaulender Früchte auf den Feldern ein größerer FCKW-Ausstoß produziert werden soll als durch den Autoverkehr im Speziellen. Auf das Gesamte gesehen, ist der Umwelt durch das uns vorgeworfene Fehlverhalten kaum nennenswerter Schaden zugefügt worden, wenn das Wort Schaden in diesem Zusammenhang überhaupt berechtigt ist. Die Konkurrenz in unserem Wirtschaftssektor ist, wie Sie wissen, enorm. Der Ankauf der Rohstoffe verschlingt Unsummen. Wir haben die steigenden Kosten aber nur zum Teil auf die Kunden abgewälzt. Die Shareholder haben großzügig auf Gewinne verzichtet, die ihnen berechtigterweise zustünden, sodass der Konzern einen Teil der Lasten auf sich genommen hat. So gesehen können wir sagen, dass unsere Vorgehensweise eher zum Vorteil der Kunden beigetragen hat. Da wir den Mitbewerbern in den letzten Jahren in technischer Hinsicht voraus waren, kann man diese „technische Atempause“ als verzeihbar in Kauf nehmen. Ein

Zulieferer hat uns, um uns seine Leistungsfähigkeit im IT-Bereich unter Beweis zu stellen, ein Computerprogramm präsentiert, das erkennt, ob sich ein Fahrzeug auf dem Prüfstand oder im Realbetrieb befindet. Das Programm ist für die Produktion nicht nötig, aber es zeigt den Wissensvorsprung jenes Unternehmens und deren Techniker und Programmierer. Dieses Computerprogramm kann die Abgaswerte differenziert darstellen. Für die Ergebnisse im Prüfstand könnte es sowohl höhere als auch niedrigere Werte als im Realbetrieb anzeigen. Um dieses Programm zu verifizieren, haben wir beschlossen, die zweite Variante in unseren Autos einzusetzen. Es ist bis jetzt nicht so selten vorgekommen, dass Forschungsergebnisse in wissenschaftlichen Magazinen veröffentlicht wurden, ohne einer mehrfachen Prüfung unterzogen worden zu sein. Wir wollten uns aus wissenschaftlich technischer Sicht dem Risiko eines Vielfachtests aussetzten. Was elf Millionen Mal funktioniert hat, muss nicht weiter getestet werden. Zugleich haben wir damit einem möglichen zukünftigen Missbrauch dieses Programms vorgebeugt. Jeder weitere Test muss als bewusste Irreführung verstanden werden. Wir von unserer Seite können jenem Unternehmen das Funktionieren des Programms für viele Anwendungen und über eine lange Dauer bestätigen. Die Forschung hat also durchaus Vorteile aus dieser Vorgehensweise gezogen. Nun möchte ich Ihre Aufmerksamkeit noch auf einen anderen Aspekt der Preisgestaltung hinlenken. Wie der Vorsitzende der IG-Metall in einem Interview zum Ausdruck brachte (*Deutschlandfunk, Sonntag 25. Oktober 2015, vormittags ausgestrahlt*), pflegt man in unserem Wirtschaftsbereich seit vielen Jahren eine „Kultur des Kostendrucks", die Unternehmen in schwierige Lagen zu bringen fähig ist. Jetzt ist unser Konzern Opfer dieser „Kultur des Kostendrucks" geworden. Der Vorstand hat daher dieses breitgestreute Testprogramm beschlossen und gleichzeitig verhindert, dass die Kosten dieses Drucks an die

Kunden weitergegeben werden. Der Betrieb hat damit allein das Risiko auf sich genommen wie auch einer Verringerung der Gewinne zugestimmt, die ihm in wirtschaftlich schwierigen Zeiten selbst schaden könnte. Dieser Druck in diesem sensiblen Bereich überraschte uns und kam für uns vollkommen unerwartet. Er ging von einer Gruppe von Menschen aus, die in Umweltangelegenheiten überidealistisch gesinnt sind. Deren Einfluss auf die Politik führt häufig zu schnell formulierten, oft nicht ganz durchdachten, dann aber hastigst beschlossenen Gesetzen. Selbst bemühte Unternehmen wie das unsere kommen durch eine solche „Kultur des Gesetzesdrucks" – Er hüstelte und sagte: Sie erlauben mir diese Anmerkung! - in eine unverschuldete Bedrängnis, der man manches Mal nur schwer entrinnen kann. Alle diese Zusammenhänge bedenkend, kann man die „Kultur des Kostendrucks" berechtigterweise „Kultur" nennen. Es ist die Kultur des Ausgleichs des Drucks der Shareholder, den Gewinn zu erhöhen, der Druck der Konkurrenz, billiger zu produzieren, der befürchtete Druck des Kunden nach günstigen Preisen und den Druck der Mitarbeiter nach vereinfachter Produktion und einem sicheren Arbeitsplatz, der Druck der öffentlichen Meinung und der verschiedenen Interessensvertreter nach einem „grünen" Auto. Diese Aspekte abwägend haben wir über Jahre ein Gleichgewicht gehalten, mit dem auch die Aktieninhaber zufrieden sein konnten, was der äußerst bemühten Unternehmensführung zu verdanken ist. Es ist auch deshalb Kultur zu nennen, weil dieser Ausgleich immer auf sehr harmonische Weise realisiert werden konnte. In dieser Harmonie ist eine Ästhetik der Ökonomie realisiert, die bisher unbekannt war. Auch wenn in wirtschaftlichen Graubereichen immer wieder von „Druck" und „Kosten" die Rede gewesen war, dann geschah dies meist abseits der allgemeinen Wahrnehmung und nicht im Licht der Öffentlichkeit. Diese Vorgehensweisen wurden aber nie mit dem Wort „Kultur" in Zusammenhang gebracht. Das ist uns als ersten gelungen. Unter der „Kultur des Kostendrucks“ haben wir uns als zukunftsfähiges Unternehmen behauptet. Daher haben wir uns für den neu geschaffenen „von Hayek-Preis“ des „Vereins für Kultur und Kapitalismus“ beworben, der dieses Jahr erstmals vergeben wird. – Hier muss ich eine kleine Anmerkung und Abgrenzung hinzufügen! In den letzten Tagen war im Zusammenhang mit Doping und Sport in einem sehr großen Landesverband von einer „Kultur des Betrugs“ die Rede gewesen. In jenem Fall wurde zwar auch von „Kultur“ verwendet, doch diese bedenkenswerte Erweiterung des Begriffsfeldes lässt sich keinesfalls mit den Vorgängen und Errungenschaften unseres Konzerns vergleichen. – Inzwischen hat eine unabhängige Jury bestehend aus Vertretern der Wirtschaft, der Politik, der Gewerkschaft und einem Ethikfachmann beschlossen, so viel kann ich heute schon verraten, den „von Hayek-Preis“ unserem Konzern zuzusprechen. In der Begründung heißt es: „Die Konzernführung hat es als erstes kapitalistisch-soziales Unternehmen geschafft, den Kulturbegriff um einen wesentlichen Teil, der bis jetzt gänzlich unbeachtet war, auf geradezu revolutionäre Weise zu erweitern und zwei Begriffe, die im Verständnis des Großteils der Bevölkerung einander gänzlich widersprechen, harmonisch zu verbinden.“ Wir fühlen uns zusätzlich geehrt, weil durch die Jury auch auf den Wertekodex verwiesen wurde, dem wir uns verpflichtet wissen. Ich habe Verständnis für die Art der bisherigen Berichterstattung, die auf den ersten Blick auch korrekt ist. Wer sich aber intensiver mit den Sachverhalten auseinandersetzt, der wird unsere bahnbrechenden Bemühungen wertschätzen und das Bild unseres Konzerns, das in Schieflage geraten war, wieder zurecht rücken. Ich danke Ihnen für Ihre Aufmerksamkeit und für Ihr Verständnis.“

Auf der Betriebs-Website wurde eine Ergänzung zu dieser Erklärung veröffentlicht:

Das Europäische Parlament hatte in der Folge den Antrag diskutiert, der Stadt des Konzerns den Titel „Ehrenkulturhauptstadt" zu verleihen.

Nach intensiven Diskussionen wurde von Lobbyisten die Mitteilung gemacht, dass indessen mehrere Städte diese Art von Bedingungen erfüllt haben, sodass die Beratungen auf unbestimmte Zeit vertagt wurden.

Das Bauernopfer

Oder: Wenn ich Ihnen einen TTIP geben darf et Cet(er)a

Der transatlantische Handelspakt steht vor dem Abschluss. Nur einige Vertreter der Schweizer Bauern legen sich noch quer, weil deren Anliegen zu wenig berücksichtigt werden. Aber bloß 0,7% der Schweizer Wirtschaftsleistung können doch nicht dem kommenden großen Erfolg der Schweizer Wirtschaft entgegenstehen, meinte ein Vertreter der Wirtschaft. Entsprechend dieser Aussage wird man nach „intensiver Beratung“ doch wieder schwerer Miene und erleichterten Herzens ein „Bauernopfer“ bringen und die Interessen der Bauern opfern müssen. Aber, sage ich, wie können denn diese lächerlichen 0,7 % der Schweizer Wirtschaftsleistung einem so großartigen Vertrag verhindern? Wer würde denn die 0,7% so hoch einschätzen – vor allem in diesem internationalen Vergleich? Man opfere doch einfach diese 0,7% im Vertrag aber nicht die Interessen der Bauern. Man könnte den Agrarbereich doch einfach aus den Verhandlungen nehmen und sagen: „Die gesamte Wirtschaft der Schweiz steht zur Verhandlung ausgenommen die kleinteilige Schweizer Landwirtschaft.“ Für die großen Landwirtschaftsindustrien weltweit ist die kleinteilige Schweizer Landwirtschaft bloß ein Brösel, das gut einmal von ihrem sonst reich gedeckten Tisch fallen könnte, ohne dass die Landwirtschaftsindustrien am Hungertuch nagen müssten. „Schweiz ernähre dich selbst!“ Das wäre ein Slogan. Und wegen der Erfolge, die sich die 99,3% der Schweizer Wirtschaft aus diesem transatlantischen Vertrag versprechen, und wegen des Steuergeldes, das dann von den Banken nicht mehr benötigt wird, wird Kapital für die Stützung der nationalen Landwirtschaft frei. Das wird doch kaum die Rappen zum Wiehern bringen. Aber lieber wirft man die ungestützte Schweizer Landwirtschaft der gestützten amerikanischen Landwirtschaft vor die Räder, bis auch die Felder hierzulande gewüstet sind. Die Großteilige hat bis jetzt nur ihre eigenen Felder plattgewalzt, die Erde vergiftet, das Getreide genverändert, die Nahrungsmittel bis zur Unkenntlichkeit entstellt. Aber jetzt gehört ihnen Amerika dann die ganze Welt.

Man wollte doch schon vor einigen Jahren der Schweizer Landwirtschaft die Luft nehmen, indem man eine chemisch reine Käseproduktion verlangte, was auf Kosten der Löcher im berühmten Emmentaler gegangen wäre. Aber die Löcher sind geblieben. Jahrhundertelang war niemand an diesen Löchern im Käse erkrankt. Nun sollten gesundheitsfördernde Chemikalien durch alle Leitungen der Käseproduzenten gepresst werden. Danach würden diese mit echtem Schweizer Gebirgswasser gespült. Über die in den Leitungen verbleibenden Dioxine sollte man sich keine Gedanken machen. Diese sind chemisch rein. Chemie tötet nicht. Das weiß man in der Schweiz ganz genau. Die Schweizer Chemie konnte nie ein Wässerchen trüben, schon gar nicht den Rhein. Dieser wird nämlich immer wieder chemisch gereinigt - vor allem nächtens, wenn der sparsame Schweizer von chemisch gereinigter Babynahrung und Alpenmilchschokolade träumt. Aber auch die Alpenmilchschokolade wird bald chemisch rein in China produziert werden, dank eines anderen Wirtschaftsvertrags – mit echter Alpenmilch aus den chinesischen Bergen und echtem Kakao aus den chinesischen Bio-Plantagen. Das wird von den NGOs kontrolliert, die in China nur so ein und aus gehen, wie man weiß. Die Uhren und die Modelabels werden sowieso schon getürkt. Oder will man Schweizer Zahnpaste „Made in Poland"? Ein findiger Erfinder wollte auch schon ein gelbes Produkt in quadratischer Stangenform, das nie einen Tropfen Milch gesehen hatte, „Käse" nennen.

Aber man stütze doch lieber die Banken, die von einer selbstverschuldeten Krise in die nächst taumeln, damit deren Wirtschaftsleistung nicht gefährdet wird. Die Boni der Manager bleiben unangetastet. Für sie ist es jedenfalls ein Erfolg, wenn sie mit einem Druck auf die Tränendrüsen der Politiker von diesen das Geld der Bevölkerung erbetteln, das der Staat plötzlich hat, obwohl er es gerade nicht hatte, als es um soziale Anliegen ging. „Aber das Geschäft da oben ist brutal", entfuhr es einem österreichischen Manager und man hätte sofort Mitleid mit ihm gehabt, wäre der Sager nicht unmittelbar wieder aus dem Netz genommen worden. Dieser Hilferuf von einem, der im Netz der internationalen Großkonzerne mitmischt und mitzappelt, sollte doch bei den Politikern Gehör finden. Es ist der Hilferuf an die Politik, sie möge doch bitte den wildgewordenen Kapitalismus vor sich selber schützen. Doch die Politik hat sich das Vokabular und die Maximen der Wirtschaft zu Eigen gemacht und die Ausbeutung in den Gesetzesrang gehoben. Der Kapitalismus liebt das Risiko. Es geht nur noch darum: Wer wird sich bei diesem weltweiten wirtschaftlichen Teufelsritt am längsten im Sattel halten können? Die Ölproduzenten reiten gerade auf einer politisch-wirtschaftlichen Spekulation und warten, wer als erster abgeworfen wird. Die anderen werden durchhalten, bis das Pferd unter ihnen selbst zusammenbricht. Aber wer wird sich um jene kümmern, die vom hohen Ross gestürzt sind? Keine Angst: Den Banken gehört das Mitleid der Schweizer Regierung, dem Bankgeheimnis gehört die Liebe der ganzen Welt und der Unterwelt dazu. In der Schweiz gehen die Uhren eben anders.

Letztlich wird man doch schwerer Miene und leichten Herzens das Bauernopfer bringen. Aber weil die Banken auf Grund dieses „Transatlantischen Wirtschaftsvertrages" – zum Vorteil aller! - bald wieder reüssieren werden, wie man hofft, könnte man das Geld, das die Banken nun nicht mehr brauchen, dem Schweizer Tourismus zur Verfügung stellen. Die Schweizer Landwirtschaft wurde gerade noch rechtzeitig vor Vertragsabschluss als eigener Wirtschaftszweig aufgelöst und in die Tourismuswirtschaft eingegliedert. Der Bauer wird hochgestuft zum „Landschaftsgärtner“.

Die Bilder der Werbung werden abgestimmt auf die sentimentalen Gefühle der Banker.

Bild eins: „Der Bauer steht breitbeinig mit der Sense in der Hand am steilen Berghang.“ Die Touristen kommen bei einer geführten Wanderung, um den Bauern mit der Sense zu bestaunen und das nicht einmal im Museum sondern in freier Wildbahn – Bäuerin inklusive.

Bild zwei: „Die Kuh, die niemand mehr braucht, grast friedlich. Die üppige Bäuerin melkt die Kuh.“ Der Tourist trinkt dieses Weiße von der Kuh und fragt die Touristenführerin: „Was ist das?“

Bild drei: „Der Knecht trägt einen Eimer Jauche über den Hof.“ Die Menschen strömen herbei, um endlich wieder Jauche zu riechen. Es gibt ja nur noch „chemisch rein“ und „geruchsfrei“ in allen Betrieben, außer in der Fremdenverkehrslandwirtschaft. Dort darf noch gestunken werden.

Das stinkt wenigsten nicht zum Himmel wie mancher Vertrag. Der Esoteriker mietet sich in den Fremdenverkehrslandwirtschaftsbauernhöfen ein und meditiert den Geruch, die geruhsame Arbeit, den langsamen Gang der Bäuerin und des Bauern – Knecht inklusive. Hier geht noch alles seinen Gang. Jetzt rollt der Franken anders als früher, als der biedere Bauernhofurlauber jeden Rappen zweimal umgedreht hat, bevor er ihn ausgab. Die Wirtschaftsleistung der Landwirtschaft hat zugenommen, denn sie ist jetzt Fremdenverkehrslandwirtschaft. Sie erklimmt ein wirtschaftliches Hoch, das nur noch vom Matterhorn überragt wird. Aber langsam merken die Banken, dass die Luft im internationalen Geschäft dünner geworden ist. Ihre eigene Wirtschaftsleistung beginnt zu sinken, weil ihre Geschäftsideen zwischen den Mühlsteinen der internationalen Großbanken zermahlen werden. Das ist der Zauber-lehrling Kapitalismus: Einmal gerufen wird man ihn nicht mehr los. Alles läuft dort nach den Gesetzen des Kapitalismus ab: Das „große Geld“ frisst das „kleine Geld“. Dann frisst das „international große Geld“ das „international kleine Geld“. Es krachte schon längere Zeit im Gebälk der Schweizer und der internationalen Banken. Doch dann bricht plötzlich auch das „international große Geld“ in sich zusammen zur Freude der Regisseure hinter dem Vorhang. Diese Tragödie lockt den Politiker aus seinem Mauseloch und er greift der Geldwirtschaft mit tränennassen Augen unter die Arme. Die Bankmanager werden bei laufenden Bezügen in Pension geschickt und erholen sich in den Tourismuslandwirtschaftsbauernhöfen, wo die Bauern, sprich „Landschaftsgärtner“, noch echt arbeiten dürfen. Die Manager trinken dort dieses Weiße von der Kuh. – Wie gut, dass man den Tourismus aus diesem internationalen Geschäft herausgehalten hat. - Der Manager schläft jetzt im Fremdenverkehrsbauernhof bei geöffnetem Fenster – des guten Geruches wegen. Das reinigt die Atemwege.

Der Tourist und Urlauber liebt den Jauche tragenden Knecht.

© 20160213

Unter keinen Umständen

Eine Bonifikation

Geldern (Westfalen): Wie wir in unserer Sonntagsausgabe berichteten, wurden den Managern der Q-Bank aufgrund der in diesem Jahr besseren Performance hohe Boni ausbezahlt. Das habe man unter anderem den guten Umständen zu verdanken, die es ermöglicht hätten, dass die Finanzstrategie des Managements voll durchgeschlagen hätte.

Gestern waren überraschenderweise die Umstände persönlich bei der Bankenaufsicht vorstellig geworden und hatten die Auszahlung der Boni für sich eingeklagt. Sie sagten, dass öffentlich bekannt gemacht wurde, dass sie an dem großartigen Erfolg der Bank dankenswerterweise mitbeteiligt gewesen wären, und deswegen würde ihnen, so meinten die Umstände, auch eine Bonifikation zustehen. Die Bankenaufsicht erklärte, dass sie nur für die Kontrolle aber nicht für bankinterne Entscheidungen zuständig sei. Außerdem sei bis jetzt ihnen gegenüber nie von Umständen, die mitwirkten, die Rede gewesen. Die Bankenaufsicht arbeite wohl mit externen Fachleuten zusammen, aber im Wesentlichen geht es um nackte Zahlen und frisierte Bilanzen.
- Die Umstände dachten unmittelbar an Masseure und Friseusen.
- Wenn sie aber Anspruch auf Boni erheben würden, dann müssten sie sich direkt an die Bank wenden.

Die Umstände mussten sich bei der Bank ein wenig gedulden. Ein Kunde war dabei, für sich bessere Bedingungen bei den Zinsen auszuhandeln. Der Vorstandsvorsitzende sagte, dass er dem leider nicht entsprechen könne. Der Konkurrenzdruck im Bankwesen sei so stark, dass eine zusätzliche Belastung durch höhere Zinsen der Bank und ihren Kunden nur schaden könne. Viele Geldinstitute stünden vor dem Bankrott, was bis jetzt für diese

Bank nicht gelte. „Wir bieten den Kunden Sicherheit, dafür müsse man bei den Zinsen Abschläge hinnehmen. Die meisten Kunden lieben die Sicherheit mehr als einen unsicheren Gewinn." Als in Folge die Umstände ihr Anliegen vorbrachten, wollte der Vorsitzende festhalten, dass in dieser Bank nie Umstände mitgewirkt oder geherrscht hätten. Sie seien es vielmehr selbst gewesen, die zur rechten Zeit die richtigen Akzente gesetzt hätten. Allein ihr durchdachtes und konsequentes Handeln hätte der Bank dieses gute Ergebnis gebracht. Die Auszahlung der Boni sei jedenfalls gerechtfertigt und man werde sie unter keinen Umständen teilen. Letztlich verwies man die Umstände an den Aufsichtsrat, der für diese Entscheidung zuständig gewesen war.

Der Aufsichtsrat lud zu einem kurzen Gespräch, versäumte aber nicht zu erwähnen, dass in dieser Branche die Zeit stets kostbar ist. „Zeit ist Geld", sagte er und versuchte zu lächeln. Man habe im Vorjahr wohl Umstände für die schlechte Performance der Bank geltend gemacht. Es handelte sich damals aber um andere Umstände. Man hätte damit nicht die Umstände im allgemeinen schlechtreden wollen. Wenn sie sich in ihrem Ruf geschädigt fühlten, dann war dieses nicht beabsichtigt, und es täte ihm auch sehr leid, wenn das der Fall wäre. Wenn jetzt wieder von Umständen die Rede sei, dann seien es einfach bessere Umstände. Aus einer zufälligen Namensgleichheit mit den vielfach unterschiedlichen Umständen lässt sich einerseits kein Tadel andererseits aber auch kein Anspruch auf Bonifikationen ableiten. Die vorsprechenden Umstände konnten ihrerseits keinen Identitätsnachweis erbringen, der ihren Anspruch gerechtfertigt hätte. Der Aufsichtsrat sah damit die Sache für erledigt an und fühlt sich in seiner Handlungsweise bestätigt.

Im Gehen fügte der Vorsitzende des Aufsichtsrates noch hinzu, dass sie als Institution wohl mit dem Kapital der Menschen arbeiteten, dass sie sich aber immer der Allgemeinheit verpflichtet wüssten. So habe man auch einige Grundsätze der marxistischen Wirtschaftstheorie in die eigenen Statuten aufgenommen, die dies bestätigten. Die Kunden würden ihr Geld doch der Bank überlassen, damit diese damit arbeite. Die marx`sche Theorie wiederum sage, dass der Mehrwert den Arbeitenden zustünde und nicht den Besitzern. Das erkläre auch, dass man in der Zinsenpolitik mit gutem Gewissen restriktiv sein würde, während man aber die arbeitenden Manager großzügig entlohne.

Die Manager sagten, dass man sich nun für die Bank die Krawatte noch fester binden werde, die Kunden müssten ihnen nur ihr Geld anvertrauen. Die besseren Umstände waren enttäuscht und zogen sich in ihr Sommerhaus am Attersee zurück. Sie wollten ihren Arbeitsbereich wieder anderen Umständen überlassen. Die Konten der Manager atmeten auf und freuten sich über die Frischgeldzufuhr. Die Börsen reagierten auf diese Nachricht mit einem kräftigen Kursanstieg, denn das Vertrauen in die Banken war wieder gestärkt worden. Die Umstände waren eben noch nie ein verlässlicher Geschäftspartner gewesen.

Ich empfehle ...

Ich empfehle Ihnen: Lernen Sie Geschichte!
(Der Altbundeskanzler)

Ich empfehle dem Bundeskanzler, sich nicht abkanzeln zu lassen.
(Ein Menschenfreund)

Ich empfehle dem Prediger, dem Volk aufs Maul zu schauen.
(Der Reformator)

Ich empfehle dem Papst, den Rücktritt zu einem wohl erworbenen Recht zu erklären.
(Der weiße Rauch i.R.)

Ich empfehle dem Kardinalskollegium, die Kurie wegzureformieren.
(Wirsindwir)

Ich empfehle der Kirche im 21. Jahrhundert anzukommen.
(Der Zeitgeist)

Ich empfehle den Hirten, ihr Schäfchen ins Trockene zu bringen.
(Der Oberhirte)

Ich empfehle den Jägern, die Flinte nicht ins Korn zu werfen.
(Der Jagdaufseher)

Ich empfehle den Kürschnern, auf der Hut zu sein.
(Der Innungsvorsitzende)

Ich empfehle den Grundschullehrern, den Kindern kein X für ein U vorzumalen.
(Die Schulaufsichtsbehörde)

Ich empfehle den Gasthof „Zum Goldenen Hirschen".
(Die Fremdenverkehrsinformation)

Ich empfehle dortselbst die Wildschweinpastete.
(Der Gourmet)

Ich empfehle danach einen Spaziergang im Grünen.
(Der Kurarzt)

Ich empfehle das Zimmer mit Aussicht.
(Der Hotelportier)

Ich empfehle ein Mittagessen mit Herrn Maier mit besten Aussichten.
(Die Kontaktanzeige)

Ich empfehle: Hören Sie auf keine Empfehlungen!
(Die Erfahrung)

Ich empfehle mich.
(Anonymus)

Wohl dem, der lügt ...

Faktisch

„Political correctness" war das Mindeste, was man von öffentlichen Reden erwarten konnte. Mit „pc" wurde die Wahrheit unter dem Schleier der „Korrektheit" vor dem Licht des Tages geschützt, bis sie mehr und mehr erblasste und unscheinbar wurde. Manche Redner allerdings erlitten das Verblassen der Wahrheit mit einem Brennen in der Magengrube. Die mediale Meinungspolizei war wachsam. Noch vor kurzem wurde man für politische Unkorrektheit an den medialen Pranger gestellt. „pc" ist derzeit zwar nicht aus den politischen Reden verschwunden, doch bekommt sie allemal ihre Blessuren ab. Politiker diesseits und jenseits des Atlantiks treten an, um ihr Ende einzuläuten. Sollte das Ende der ´political correctness` gekommen sein, dann aber nicht zu Gunsten der Wahrheit. Wahrheiten sind unangenehm, die Lüge aber ist oft zu süß, als dass man ihr den Glauben verweigern könnte.

In George Orwells Roman „1984" wurde ein „Ministerium für Wahrheit" eingesetzt, um eine eigene Wahrheit zu schaffen, die 70 Jahre später „alternative Fakten" genannt werden sollte.

„Darf man schreiben, dass Donald Trump lügt"?, titelte ein Großformat. Man zitierte einen Chefredakteur, der meinte: „Das Verb ´lügen` impliziert viel mehr, als nur etwas Falsches zu sagen. Es impliziert die bewusste Absicht, in die Irre zu führen". Um nicht in die Gefahr zu geraten, dass man jemandem eine solche Absicht unterstellt, und man deswegen vor Gericht geladen wird, sollte man einfach das Wort „lügen" vermeiden. Dass Lüge verabscheuungswürdig sei gilt ohnehin nur für eine kleine Gruppe von moralischen Puritanern und ethischen Extremisten. Wer lügt, lügt doch nicht zum Spaß oder zum Schaden der Mitmenschen sondern man lügt nur zum Wohl der Gesellschaft, des Staates, der Weltpolitik, des Weltfriedens, der wirtschaftlichen Erholung, des gesellschaftlichen Friedens. Man lügt sozusagen für einen guten Zweck. Da ist es doch nur billig und der Gesellschaft geschuldet, dass Gegner der Lüge als Gesellschaftsschädlinge in ihr nicht geduldet werden. Die christlichen Kirchen werden sich demnächst staatsstützend versammeln, um das Gebot „Du sollst nicht lügen" zu ändern in das Gebot „Du sollst niemandem das Lügen vorwerfen". Das wird der Gesellschaft viele Konflikte ersparen und die Kirche wäre mit ihren Aussagen endlich einmal auf der Höhe der Zeit. Der Wahrheit wird zugemutet, ihren ehrenvollen Rückzug anzutreten.

Die Menschen sehnen sich heutzutage doch nur nach einem Körnchen Wahrheit. Die Menschen wollen nicht viel. Nur ein Körnchen Wahrheit vom Ganzen, um damit dem Ganzen Glauben schenken zu können und um der Realität nicht ins Gesicht sehen zu müssen. Die Wirklichkeit ist viel zu grausam. Das Körnchen Wahrheit macht die Lüge zu einem Genuss für die Hörer. „Selig, die lügen, denn man wird ihnen Glauben schenken", hätte man vor 2000 Jahren als neuntens noch hinzufügen sollen.

Wer das Wort „Lüge" allzu häufig in den Mund nimmt, nützt es zu leicht ab, sodass man bald nichts mehr für glaubwürdig halten wird. Man wird mit der Aussage: „Das ist eine Lüge", der Wahrheit keinen guten Dienst mehr leisten können. Darum verzichten wir auf das Wort Lüge von vornherein. Die Journalisten sollten sich dieses Wortes grundsätzlich enthalten, sagte man doch früher, dass da jemand log „wie gedruckt", wenn jemandem die Unwahrheit leicht und glaubwürdig über die Lippen kam. Wenn man so viel und so unter Druck schreiben muss, kann es schon öfter zu einem Druckfehler kommen, den man wegen der Berührungspunkte mit der Wahrheit als richtig gelten lässt. Reicht ein Medienbericht trotzdem noch als Wahrheitsbeweis für allerlei Vorkommnisse, so wie oft getan wird? Allerdings: Das Drohwort „Lügenpresse“ trifft selten die Lügner selbst sondern wird jenen vorgehalten, die das Bittere an der Wahrheit nicht verschweigen. Die Lüge ist bei jenen verborgen, die sich dem Geld oder der Macht unterwerfen. „Wohl dem, der lügt!“

Aber die Zeit ist nicht stehen geblieben. Es tun sich neue Möglichkeiten auf, den Anspruch an die Wahrheit herunterzuschrauben. Das „Oxford Dictionary“wählte „post-truth“, „postfaktisch“, zum Aufsteigerwort des Jahres 2016. Es geht nicht mehr um Tatsachen, sondern um Gefühle. Der Inhalt einer Rede oder einer Argumentation muss nicht auf gesicherten Fakten beruhen, vielmehr sollte den Menschen das Gefühl vermittelt werden, dass die Wahrheit gesagt wird, dass sie selbst gemeint sind, dass sie dem Sprecher glauben können. Der Vertrauensindex der Politiker ist allgemein ein Trauerspiel. Da wird das postfaktische Sprechen zu einem notwendigen Dienst an den Menschen, damit wieder Vertrauen zu den Politikern aufgebaut werden kann, das jede Gesellschaft so nötig hat. Postfaktisches Sprechen ist ein Dienst an der Stabilität der Gesellschaft. Wem soll man sonst noch glauben, außer denen, die einem das Gefühl vermitteln, dass man ihnen glauben könnte? „Er hat so schöne Augen!“

Unverbesserliche Optimisten wie der genannte Chefredakteur setzen auf Aufklärung, auf Recherche und Tatsachen. Man sollte nachrecherchieren und die Leser damit konfrontieren. Der Leser soll dann selber entscheiden, ob jemand trotz gegenteiliger Sachlage auch wirklich gelogen hat und ob man dem Redner trotzdem vertrauen kann. Eine Meinung ist noch lange keine Aussage, die Wahrheit beansprucht. Jeder kann seine Meinung äußern, ob sie der Wahrheit entspricht oder nicht, verlauteten unlängst die

Hüter der Meinungsfreiheit, die demnächst auch „Wahrheitsfreiheit" genannt werden darf. Eine Internetplattform will nicht selbst entscheiden, was Wahrheit ist. Sie schreiben keine Artikel und sie korrigieren sie auch nicht, sagten Vertreter derselben. Wenn die Hörer oder Leser eine Meinung für eine Sachaussage halten, fällt das nicht mehr in die Verantwortung des Sprechers oder der Vermittler – global-virtueller Dorftratsch. Der unwissende Empfänger einer Nachricht entscheidet über ihren Wahrheitswert. Der Redner muss seine Meinung nur dem „gesunden Volksempfinden" anpassen oder es „denen da oben" sagen. Das Volk hat ein Gefühl für das, was wahr ist. Niemand will die Menschen manipulieren. Man will das Sprachrohr derer sein, die immer überhört werden. Die Wirklichkeit ist zu komplex. Damit sollten die Menschen nicht belastet werden. Das bringt nur ein allgemeines Desinteresse an der Politik hervor. Deswegen gilt als einzige Wahrheit das allgemeine Gefühl, die allgemeine Enttäuschung, die allgemeine Aggression. Wer auf diese Weise zu sprechen vermag, hat die Chance gehört zu werden. „Es ist so schön, wenn jemand endlich einmal sagt, was ich schon lange meine." Tatsachenwahrheit hat eindeutig an Gewicht verloren. Man lässt sich lieber in seiner Meinung bestätigen und fühlt sich verstanden.

Wahrheit, sagte man früher, sei „Übereinstimmung von Wort und Sache." Aber wer kann den Sachverhalt schon so genau kennen? Die Wahrheit ist suspekt. Wenn du jemandem im Fall einer Lüge „eine moralische Absicht unterstellst, besteht sonst die Gefahr, dass es so aussieht, als wärest du nicht objektiv", ... sagte der genannte Chefredakteur. Du sollst also durch Recherche den Sachverhalt darstellen, damit der (unwissende) Leser entscheiden kann. Aber wer sagt mir, dass die Recherche wahr ist? Es gibt immer „alternative Fakten" mit Wahrheitsanspruch dank „Wahrheitsministerium“. Auch wenn die Geheimdienste die Wahrheit für sich in Anspruch nehmen, ist dies kein qualitativer Wahrheitsbeweis, viel zu oft wurden durch Desinformation Wahrheiten geschaffen, um den Interessen des Staates zu dienen. Das ist eine echte „fact finding commission“ oder doch „fake finding commission“? Es wird nicht mehr zwischen „facts“ und „fakes“ unterschieden. Die Menschen lieben uns und sie glauben uns. Alles andere ist Lüge.

Für den griechischen Philosophen Platon gab es noch „das Wahre“. Es existierte im Reich der Ideen. Es ist die Voraussetzung dafür, dass es so etwas wie Wahrheit geben kann. In unserer irdischen Welt gibt es aber nur eine Annäherung an „das Wahre“. Wir Menschen sehen auf dieser Welt nur den Schatten der Wahrheit. Wie wahr, o Platon! Was wir heute erleben ist tatsächlich nur ein Schatten von Wahrheit. Wahrheit wird demokratisch abgehandelt, sie ist eine Sache der Mehrheit geworden. Was effektiv wahr ist, sagt uns das Empfinden der Mehrheit. Was nicht sein darf, sagt uns die „political correctness“. Wo es keine Mehrheit gibt, hat jeder das Recht, seine Meinung als Wahrheit auszugeben. Die Ansicht, dass es so etwas wie eine allgemein gültige Wahrheit gibt, ist damit wieder in das Reich der Ideen verwiesen. Die Meinung, dass es eine allgemein gültige Wahrheit gebe, hat keinen Wirklichkeitsbezug mehr. Uns stehen heute nur noch zwei Wahrheiten zur Verfügung: die Wahrheit der Meinungselite und die Wahrheit des gesunden Volksempfindens. Darum ist die Äußerung der konservativen Kolumnistin Jennifer Rubin in jenem Großformat so vergangenheitsfixiert, wenn sie von Lüge spricht: „Noch nie hatten wir einen Präsidenten, für den Lügen ein existentieller Bestandteil seiner Regierungsstrategie war“. Und weiter: „Niemand wird gegen diese Lügen ankommen. Den eigenen Leuten wird der Mut fehlen, die Aussagen der

Gegner gelten als politisch motiviert, sind also nicht objektiv sondern parteiisch." Wir freuen uns schon auf die Zeiten, in denen man sagen wird: Hütet euch vor der Wahrheit, wenn ihr Glauben finden wollt! Wir freuen uns auf bessere Zeiten.

Keine Sorge, sie sind schon da. Es dauert zwar noch einige Zeit, bis das „Ministerium für Wahrheit" neu eingerichtet wird. Aber vorsorglich wurde ein offizieller Sprecher für „alternative Fakten" berufen. Er wurde für diesen vertrauenswürdigen Posten verpflichtet, weil er sich selbst „der Wahrheit verpflichtet fühlt". Es ist seine Aufgabe, die wirkliche Wahrheit über die faktische Realität zu verkünden. Er tritt seine Aufgabe mit der Absicht an, das Volk „nie anzulügen". Um es noch einmal deutlich zu machen: „Ich glaube, wir müssen ehrlich sein zum amerikanischen Volk." Wer kann noch mehr prädestiniert sein, der Verkünder der Wahrheit zu sein, als einer, dem das Wort „Wahrheit" so leicht über die Lippen geht, dass er sie gar nicht mehr zu sagen braucht. Sein Protektor konnte nur anmerken: „Er hat wahrscheinlich die Wahrheit gesagt." Was so viel bedeutet wie: Er hat den Schein der Wahrheit gewahrt. Die Worte „Wahrheit" und „Lüge" sind nicht mehr der Unterscheidung wert. Damit ist die Basis für ein vertrauenswürdiges Regierungsprogramm gelegt, das bereits seine konsequente Umsetzung erfährt. Das Volk kann sich schon auf die besseren Zeiten freuen, in denen die süßen Versprechungen Wirklichkeit werden.

Hat nicht der flächengrößte Staat dieser Erde in weiser Voraussicht der bedeutendsten Zeitung seines Landes den Titel „Wahrheit" gegeben? Die „Wahrheit" gilt als Sprachrohr der Regierung. Was kann da noch Falsches mitgeteilt werden? Selbstredend wahr. Das ganze Volk wird jetzt sagen können: Wir orientieren uns immer an der „Wahrheit." Jeder treue Bürger jenes Landes ist ehrlichen Herzens besorgt, wo immer er sich gerade in der Öffentlichkeit befindet, die neueste Ausgabe dieses Blattes gut sichtbar mit sich zu tragen. Der Chefredakteur hat dafür einen Wettbewerb unter den Lesern des Blattes angeregt. Diese sollten herausfinden, ob es überhaupt einen Bürger gibt, der nicht ein Leser wäre. Der bisherige Nichtleser würde als Belohnung ein Gratisabonnement für ein Jahr erhalten und in die Kartei aufgenommen werden. Dem Gewinner allerdings wird bei der Verleihung der Leserurkunde eine Flasche eines weithin bekannten alkoholischen Grundnahrungsmittels überreicht werden. Das „Ministerium für Wahrheit“, das in jenem Land bis jetzt nur im Geheimen gearbeitet hat, wird demnächst in ein eigens dafür errichtetes Gebäude einziehen. So ließ es sich aus den gewöhnlich gut informierten Kreisen vernehmen. Das Gebäude wird den klingenden Namen „Hüterin der Wahrheit“ tragen. In ihrem Schutz lässt es sich gut leben. Ihm gegenüber am selben Platz steht spiegelbildlich das Haus „Hüterin der Sicherheit“. Jedes dieser beiden Gebäude wird den neu geschaffenen „Platz des irdischen Friedens“ zur Hälfte umschließen, um so eine symbolische Klammer darzustellen, denn nur „Sicherheit“ und „Wahrheit“ gemeinsam sind Garanten eines wirklichen irdischen Friedens. Oh, wie real!

In einem anderen Land, lässt der strafgesetzlich verurteilte Parteivorsitzende, der deswegen nicht die Regierung führen darf, dem von ihm eingesetzten Ministerpräsidenten per Interview ausrichten: „Ich bin der einzige, der das Regierungsprogramm von Anfang bis zum Ende kennt!“ Endlich sagt einer die Wahrheit! Das Bittere daran ist, dass das guten Glaubens gewählte Parlament zu einem Schattentheater verkommt, während der wahre „Regierungschef“ von den hinteren Bänken oder vom Gefängnis aus – je nachdem - Regie führt. „Wohl dem, der die Wahrheit sagt!“

Ausschreibung

„George Orwell Award“

Organisatoren: CIA + FSB + GAB

Thema: Gestalte „alternative Wahrheit“ glaubhaft

Medium:

Zeitungsbericht: Umfang 2331 Wörter

Kurzfilm: Maximale Dauer 11`

Verleihung der Auszeichnung: „Ehrenmitglied” des “Weltwahrheitsministeriums”

Sonderpreis: Praxistag in einer der drei bedeutendsten Wahrheitsministerien der Welt

Ort: Aula des „World Truth Office“, Washington

Entschlüpfungen

Coming outs

„Ich bin evangelisch.“
(Erfrischendes Outing in einem katholischen Exerzitienhaus)

„Ich bin katholisch.“
(Unerwartetes Outing in einem evangelischen Bildungshaus)

„Ich bin orthodox.“
(Überflüssiges Outing im rumänischen Parlament)

„Ich bin reformiert.“
(Unbeachtetes Outing in einem Schweizer Großkonzern)

„Ich bin Journalist.“
(Mutiges Outing bei jeglicher öffentlicher Veranstaltung)

„Ich bin heterosexuell.“
(Homophobes Outing – fast überall)

„Ich bin Deutscher.“
(Gefährliches Outing in einem österreichischen Fußballstadion)

„Ich bin Österreicher.“
(„Jö, mei, ist dös oba nett.“ – nach einem Outing in der Allianz-Arena, München)

„Ich bin katholischer Priester.“
\- Buuuh!

„Ich bin Mönch.“
\- Was machen Sie eigentlich den ganzen Tag?

„Ich bin Nonne.“
(Staunen erweckendes Outing. Sind Sie echt echt?)

„Ich bin Manager."
(Wenig überraschendes Outing in der Therapiesitzung für Burn-Out)

„Ich bin Frührentner."
(„Und was machen Sie am Nachmittag?" – missverstandenes Outing)

„Ich bin bekennender Nonkonformist."
(Unnötiges Outing in einer Talk-Show)

„Ich bin Atheist."
(Choreografiertes Outing in einer Wissenschaftssendung)

„Ich bin Muslima."
(Von der Gleichstellungskommission ersehntes Outing nach einer Papstwahl)

© 20160401

Quod licet Jovi ...

„Mir ist es erlaubt“, sagte sich Jupiter. Er bündelte alle seine Energie und ließ es so richtig knallen. Unbedacht hatte er sich damit in eine ziemlich gefährliche Situation manövriert. Es gab ja noch nichts, wo er sich vor der materialisierten Urenergie, die ihm um die Ohren flog, hätte schützen können. Zudem hatte ihn diese Aktion um fast alle seine Kraft gebracht, sodass er erschöpft war und sich hatte ausruhen müssen. Waren es Jahrtausende oder waren es Jahrmillionen? Er wusste es nicht. Nur Gott weiß es. Bald hatten sich die Teile der Urmaterie so weit voneinander entfernt, dass er zwischen ihnen sein gutes Auskommen hatte. Am liebsten aber zog er sich auf den Olymp zurück, weil er ihm gestattete, die Vorgänge auf der Erde zu verfolgen. Von allen Teilen der Urmaterie hatte die Erde die auffälligste Entwicklung erfahren. Einmal hatte er, als er sein Blitzbündel über der Erde schwenkte, per Zufall am Rande seines Blickfeldes gesehen, wie sich ein Teil der ehemals starren Materie bewegte. Um sicher zu gehen, wiederholte er den Vorgang. Und wieder: Ein Teil der Materie bewegte sich. Er wunderte sich nicht wenig über diese zufällige Entdeckung. Damals hatte die Erde neues Interesse in ihm wachgerufen. Etwas später, er wusste nicht wie viel Zeit vergangen war, verließen Teile der ehemals festen und unbeweglichen Materie ihren Ort. Es kam Bewegung in das Herumliegende. Da musste etwas ganz Neues entstanden sein, das mit seiner Urmaterie und seiner Aktivität vielleicht nur sehr wenig zu tun hatte. Oder war doch alles aus seiner Energie gekommen, die ihm jetzt fehlte? So konnte er sich seine eigene Antriebslosigkeit am ehesten erklären. Waren das nur Zufälle, oder war da jemand hinter seinem Rücken am Werk? Ergab sich eine Veränderung notwendigerweise aus der anderen? Er dachte nicht darüber nach. Das Denken nannte er nicht seine Stärke. Die veränderte und bewegliche Materie schien ihm eine andere Qualität zu haben, als die Dinge am Anfang hatten. Er sagte deswegen zu diesen beweglichen Dingern einfach „Lebewesen“. Unter diesen fielen ihm einige Große unterschiedlichster Gestalt besonders auf. Sie überragten nicht nur alle anderen, sie schienen auch über alle anderen zu herrschen.

Unvermutet schlug ein verirrter Brocken der Urmaterie in die Weichteile seiner Mutter, sodass sie jahrelang ächzte und stöhnte. Die Atmosphäre flimmerte. Der Blick auf die Erde war ihm auf diese Weise verwehrt. Es begann langweilig zu werden. Der Olymp selbst war auch nicht mehr, was er einmal war. Die Zuständigkeitsbereiche waren verteilt. Seine Position war unangefochten. Alles andere war ein Aufwärmen der alten Geschichten mit Venus und Mars, mit Vulcanus und Juno und was man sich sonst noch erzählt hatte. Die Götter konnten schon lange nicht mehr lachen. Die Erde war wesentlich interessanter. Als er klar sehen konnte, hatte sich das Aussehen der Erde wieder verändert. Waren jetzt Jahre, Jahrhunderte oder Jahrtausende vergangen? Er wusste es nicht. Die riesigen Lebewesen waren nicht mehr zu finden. Dafür bewegte sich allerlei anderes Getier. Unter diesen fiel ihm ein Lebewesen besonders auf, das zwar kleiner als die meisten anderen war, sich aber durchaus behaupten konnte. Es war ihnen offensichtlich an Intelligenz überlegen. Diese Lebewesen könnten ihm gefährlich werden, dachte er. Die Intelligenz ist doch gerade das, was uns Götter von allen anderen unterscheidet, meinte er für sich.

Einige Jahrhunderttausende später hustete sein Verwandter Vulcanus eine ganze Insel in die Atmosphäre, sodass ihm die Erde jahrelang unter einer Staubnebelschicht unsichtbar blieb. Als sich der Nebel wieder lichtete, sah er seine verrußten Beine entlang nach unten und entdeckte, dass sich die Erde wieder ein wenig verändert hatte. Diese Verselbständigung der ehemals toten Materie machte ihn unsicher, wusste er doch nicht in welche Richtung es sich entwickeln würde. Waren das bisher nur Zufälle? Würde ihn das als Vater der Götter einmal in Bedrängnis bringen? Die Lebewesen hatten aber jede Menge mit der Erhaltung ihres eigenen Lebens zu tun, so dass sie nicht an die Eroberung oder die Abschaffung des Himmels dachten. Sie hofften nur, dass der Göttervater ihnen dabei helfen würde, ihr Leben zu erhalten. Jupiter fand es durchaus nett, dass man ihn nun anrief, ohne ihn je gesehen zu haben. Das gab ihm einen Teil seiner ursprünglichen Kraft wieder zurück. Auf diese Weise rettete er seine Existenz bis in die Zeit der Römer. Erst das Desinteresse an ihm in der Zeit der Spätantike raubte ihm wieder eine Menge von seiner Energie, sodass er sich am liebsten in der warmen Schmiede des Vulcanus aufhielt das Blitzbündel neben sich auf der Bank. Wehmütig dachte er an seine Urknallerei. Hätte er es vielleicht doch sein lassen sollen? Auf der Erde erinnerte sich kaum noch jemand an ihn, und ihm fehlte es an Kraft, sich für die Vorgänge auf der Erde zu interessieren.

Er war der Einzige, der es so richtig hatte knallen lassen. Der Mensch war noch nicht auf die Idee gekommen, es dem Göttervater gleich zu tun oder ihm seine Position streitig zu machen. Sollte es den Menschen, die ja so viel unter ihm standen, je einmal erlaubt werden? Im frühen Mittelalter verwendeten die Menschen in Ostrom zwar ein gefährliches Pulver, das mit Feuer entzündet, eine dichte Rauchwolke entstehen ließ. „Wenn es doch diesen Prometheus nicht gegeben hätte!“, dachte er. Aber es ließ ihn noch einigermaßen unberührt. Erst als die Zusammensetzung dieses Pulvers in den Westen überliefert wurde, sah er sich als Herrscher über Himmel und Erde gefährdet. Das Pulver tauchte nun in unterschiedlichsten Zusammenhängen auf. Die

Kriege, die bis jetzt von einer sehr persönlichen Note geprägt waren, veränderten ihren Verlauf vollständig. Stand man sich all die Zeit Aug in Aug gegenüber, so wurde ab jetzt einige Unordnung in die eher persönliche nahezu freundschaftliche Kriegsführung der Vorzeit gebracht. Der Lärm der Kanonen dröhnte ihm unangenehm in den Ohren. Er musste sich neu orientieren.

Erst nach vielen Jahren der todbringenden Verwendung dieses Pulvers kamen die Menschen auf die Idee, es zu ihrem Spaß zu gebrauchen. Anfangs war es der herrschenden Klasse vorbehalten. Erst seit kurzer Zeit können sich auch die Ärmeren, die auf dem Land oder in den unansehnlicheren Stadtteilen wohnen, diese Dinger leisten. Immer wenn das Jahr zu Ende ging, sah sich Jupiter einer unzählbaren Konkurrenz gegenüber. Die Tierwelt, die sich nicht im Winterschlaf befindet, verkriecht sich schon Tage vorher in die hintersten Ecken der Häuser und Wohnungen. Wenn es dann richtig losgeht, beginnen auch die Menschen zu leiden und zu klagen. Nicht nur der höllische Lärm bedrängt die Menschen, auch der teuflische Gestank, vermiest ihnen in dieser Zeit den Alltag. Es wurde daher ein Gesetz erlassen, das diese Knallerei verbieten sollte. Aber weil es nur Kläger gab und keine Richter, versuchte man sich aus dieser Misere zu retten, indem man einige Orte klagfrei stellte. Deswegen versammeln sich Jahr für Jahr Tausende auf dem Wiener Stephansplatz zu einer Knallorgie. Eine neue Welt sollte entstehen, eine bessere Welt. Zu diesem Zweck wurden Menschen mit den unterschiedlichsten Verkehrsmitteln aus allen Teilen der Welt herangebracht, um Völkervereinigung zu feiern.

Das hatte in Jupiter wieder ein Interesse an der Erde geweckt, das aber teilweise auf einer gewissen Unsicherheit beruhte. „Sollte es jetzt auch den Menschen erlaubt sein?“, dachte er bei sich angesichts dieses Lärms. Er setzt sich daher seit einigen Jahren in der letzten Nacht des Jahres auf den Kahlenberg, um diesem Treiben zuzusehen. Unaufhörlich knallt es. Der Himmel wird von bunten Lichtern erhellt, die aber bald wieder erlöschen. Äußerst aufmerksam verfolgt er die Vorgänge, ob durch einen dieser Knaller per Zufall ein neues Universum entstehen würde. Bis zu einem Neuen Jahr schafften es die Menschen zwar immer, aber schon nach kurzem Gebrauch stellte sich heraus, dass das neue Jahr kaum besser als das alte war. Nach dieser durchgeknallten Nacht schien die Energie der Menschen verbraucht. Den Menschen ging es wie ihm. Er selbst war durch den Energieverlust beim allerersten Knall fast um seine Existenz gekommen. Den Menschen aber setzte die Flüssigkeitsaufnahme viel mehr zu als der Lärm. Diese Nacht stank zum Himmel. Und daraus sollte Gutes und Neues entstehen? Er erinnerte sich, dass er im Laufe der Entwicklung der Erde eine Unzahl von Zufällen erlebte. Daher beschloss er, im folgenden Jahr wieder zu kommen. Zwar erfreute er sich an dieser Knallerei, doch würde er gleichzeitig ein ängstlicher Beobachter sein.

Von Jahr zu Jahr wurden die Leuchtkörper bunter und in den Formen vielfältiger. Sollten sie auf diese Weise einmal fähig werden, eine neue Welt zu schaffen? Würde er einmal als Urknaller verdrängt werden? Aber all die neuen Jahre, die einander folgen, sind doch ein Nichts im Vergleich zum Universum, das durch ihn entstanden war und unverwechselbar seine Handschrift trug. Und er wurde innerlich wieder ruhig und dachte sich im Stillen: „Quod licet Jovi non licet bovi.“ Weil er in Wien war, wiederholte er es für sich noch einmal auf Deutsch: „Was dem Jupiter erlaubt ist, ist dem Rind nicht erlaubt.“ Und er brach nach vielen Jahrtausenden wieder in ein befreites göttliches Gelächter aus.

Es war der Apfel

Es gibt einen Ort, an dem keiner war, an den sich aber alle erinnern. Dieser Ort wurde von zwei Menschen bewohnt, Adam und Eva. Sie gaben diesem Ort den Namen Paradies. Adam ist der Mann, der Mann aus Erde, und damit bodenständig doch immer noch formbar in seinen Grundsätzen und Entscheidungen. Weil er der Mann ist, ist diese Erinnerung in allen Männern der Welt. Eva ist die Frau, das bedeutet das Leben - kraftvoll und dynamisch. Mit ihr teilen alle Frauen das Wissen um dieses Paradies. An diesem Ort fehlte nichts, was der Mensch zu seinem Glück brauchte. Damit das Geheimnis dieses Ortes und des Glücks bewahrt würde, wurde dem Menschen eine Grenze gesetzt: Sie dürfen vom Baum, der in der Mitte des Paradieses steht, nicht essen. In der Bibel heißt es von diesem: „Die Früchte waren verlockend anzuschauen." Wer von den Früchten dieses Baumes essen würde, der sollte klug werden und Gut und Böse unterscheiden können.

Die Theologen wussten sofort Bescheid, um welche Frucht allein es sich gehandelt haben könnte. Von ihrem Schreibtisch aus entschieden sie: Es muss ein Apfel gewesen sein. Der „arbor mali" war beides. Er war der Baum (arbor) des Bösen (mali, Genitiv von malum = das Böse), der Unterscheidung von Gut und Böse. Es war aber auch der Baum des Apfels (mali, Genitiv von malus = Apfel). Aus diesem Grunde wurden alle Künstler beauftragt, einen Apfelbaum in die Mitte des Paradieses zu stellen. Als aber die Künstler begannen, sich von den Theologen weniger und weniger beeinflussen zu lassen und sich mehr an der Philosophie der Griechen zu orientierten, sagte sich als erster Masaccio, es müsste logischerweise ein Feigenbaum gewesen sein. Von keinem anderen Baum ist sonst die Rede. Feigenblätter aber werden erwähnt, denn mit diesen bedeckten die Menschen ihre Scham, nachdem sie vom Baum gegessen hatten. Masaccio stellte daher in Santa Maria del Carmine in Florenz einen Feigenbaum in die Mitte des Paradieses.

Aber weder die Begründung der Theologen noch die logische Folgerung der Renaissancekünstler gibt uns den entscheidenden Hinweis. Der oststeirische Apfelbauer, der in Graz am Kaiser Josef-Platz oder auf einem der anderen Bauernmärkte seine Ware verkauft, weiß, dass es nur der Apfel gewesen sein konnte, und die moderne Psychologie wird ihn bestätigen.

„Die Frucht war verlockend anzusehen." Das gilt für den Apfel mehr als für jede andere Frucht. Die Orange ist orange. Die Banane ist gelb. Aber der Apfel selbst schimmert in den verschiedensten Farben. Vielleicht gibt es unter der unzählbaren Anzahl von Früchten auch eine so farbenfrohe und artenreiche wie den Apfel, aber der Apfel ist eine einzige Versuchung. Man scheut sich schon Pfirsich oder Birne zu nehmen, weil sie sehr hohe Anforderungen an das Essen stellen. Der Apfel aber ist handgerecht geformt, so als sei die Hand des Menschen dazu geschaffen nach dem Apfel zu greifen. Und wenn man ihn dann ein wenig an der gut gebrauchten Arbeitskleidung abstreicht, zeigt er sich glänzend wie Christbaumschmuck: rot, orange, gelb, grün, ... Am meisten von allen Sorten verlocken die süßsauren mit diesem zweifachen Geschmack. Und als entscheidend wird sich erweisen, dass der Apfel genommen und gegessen werden kann, ohne dass der Mensch durch das Schälen zu einer Nachdenkpause gezwungen wird. Das wird von großer Bedeutung sein.

Der Mann fand im Paradies alles wohlgeordnet. Alles hatte seinen Platz und seinen Zweck. Eva aber erfreute sich mehr an der Vielfalt des Gartens. Es gehörte zu ihren Gewohnheiten, staunend durch das Paradies zu gehen, und sich an der Schönheit der Dinge zu erfreuen. Sie konnte sich nicht sattsehen an den Pflanzen, den Tieren und an allem, was ihr begegnete. In der Weise lustwandelnd kam sie an diesem einen Baum vorbei und bewunderte seine Früchte, die so verlockend anzusehen waren. Sie dachte sich: Wie würden diese wohl schmecken? Und: Wie wäre es, klug zu sein? Die Menschen scheinen von Grund auf dazu geschaffen, alles entdecken und erforschen zu wollen, über Grenzen zu gehen, den Dingen ihr Geheimnis entreißen zu wollen. Das zeigt sich jeweils im Pioniergeist des Mannes und im Bemühen der Frau, alles über alle wissen zu wollen, und dieses Wissen dann bereitwillig zu teilen. Eva überlegte wohl bei sich: Der Baum trägt reichlich Früchte. Einer von diesen hunderten genommen, wird dem Herrn wohl nicht fehlen. Es schien ihr auch sehr verlockend, nachher klüger zu sein.

Eva nahm also, da sie so handlich waren, und biss hinein. Sie reichte die Frucht auch ihrem Mann. Adam aber antwortete: „Es ist nicht recht. Der Herr hat uns verboten, davon zu essen." Sie fügte hinzu: „Ich habe ihn doch extra für dich gepflückt. Schau, wie schön." Aber Adam erwiderte: „Wir wollen den Bereich des Höchsten nicht antasten und uns an seine Vorschriften halten." Eva wusste, der ganz vom Verstand geprägte Mann, war nur selten bereit seine vernünftigen Grundsätze aufzugeben. Die Frau selber aber ließ nur ganz selten das Wohlergehen des Anderen außer Acht. Nun aber lächelte sie ihn an. Es war ein so neues Lächeln. Adam wusste nicht, ob sich dahinter nicht doch eine andere Art von Entschiedenheit verbarg, die er bis jetzt nicht kannte. Sie hielt ihm den Apfel hin und sagte: „Wenn du mich wirklich liebst, ..." Da, ohne jedes weitere Überlegen, griff er nach dem Apfel. Jede andere Frucht hätte dem Menschen noch Zeit zum Überlegen gelassen: Wie ist sie zu schälen? Wie fasse ich sie an, ohne mich zu beschmutzen? Zeit genug, um eine vorschnelle Entscheidung zu überdenken. So aber stand einem schnellen und unbedachten Handeln nichts im Wege. Und er führte die angebotene Frucht in seinen Mund jetzt in der unruhigen Erwartung, einen neuen Geschmack zu verspüren.

Sobald sie aber gegessen hatten, gingen ihnen die Augen auf. Jetzt erkannten sie, dass das Geheimnis des Glücks nicht so einfach zu ergründen war. Sie waren die Ersten, die nachher klüger waren und nicht schon vorher. Diese Art von Menschen ist bis heute nicht ausgestorben. Menschen, die nachher klüger sind als vorher, bilden geradezu die Mehrzahl unter den Menschen. Im Nachhinein allerdings sind die Menschen dann am klügsten, wenn es um eine Sache des Nachbarn, der Anderen geht. Seit damals gibt es auch die Redensart: In den sauren Apfel beißen. Denn der Apfel war ihnen zuerst süß, bevor sie dessen sauren Nachgeschmack verspürten.

Damit dem Menschen der Verlust des Paradieses nicht so schwer wiegt, da ihnen jetzt die Erde Dornen und Disteln tragen sollte, hatte der Herr ihnen erlaubt, die Kerne des Apfels aus dem Paradies zu schmuggeln, damit sie sich auch außerhalb am köstlichen Geschmack dieser Frucht erfreuen könnten .

Zehn mal Zehn

Wir lieben dich

Zehn Jahre waren vergangen seit die Tochter aufbrach, um das Glück zu suchen. Als einziges erhielten sie die Nachricht, dass sie geheiratet hätte. Jetzt aber erreichte sie eine Einladung zu einem großen Fest in der Stadt, wo sie nun lebte. Sie konnten sich nicht erinnern, in ihrem Schulunterricht je von diesem Land gehört zu haben. Trotz aller Mühe konnten sie es auf dem Globus nicht finden. Der Nachbar suchte vergeblich im Netz. Die üblichen Suchmaschinen passten und zeigte nur: ERROR. Es musste sich um irgendeine kleine Insel irgendwo in irgendeinem der großen Ozeane der Erde handeln. Aber von einem der kleinen Flughäfen des Landes existierte eine Flugverbindung dorthin.

Das Flugticket befand sich bei der Einladung. Beide waren nervös, aufgeregt und unsicher. Wo sollte es hingehen? Wer war ihre Tochter jetzt, nachdem sie sie seit zehn Jahren nicht mehr gesehen hatten? Die Mutter packte in den Koffer für jedes der Jahre ein Geschenk von den Erträgen ihrer Region, die ihre Tochter in ihrer Kindheit und Jugend so sehr geliebt hatte.

So vorbereitet machten sie sich auf zum Flughafen, um in jenes geheimnisvolle Land abzuheben. Sie flogen durch die Nacht. Als sie am Morgen aus dem Flugzeug stiegen, waren sie von der Helligkeit wie geblendet. Die Tochter erwartete sie am Ausgang. Reifer aber auch ernster erschien sie ihnen.

Mit dem Taxi ging es auf der breiten Autobahn zwischen hohen Lärmschutzwänden Richtung Stadt. Die Strahlen der Sonne reflektierten sich an den Glasfassaden der Hochhäuser. Die Sonne selbst sahen sie nicht. Sie hörten, dass die Stadt etwa hunderttausend Einwohner hätte, und dass man sich bemühe, diese Zahl mit einer guten Familien- und Zuwandererpolitik zu halten. Trotz der vielen Einwohner erschien ihnen alles äußerst sauber mit wenig Verkehr auf den Straßen. Sie sahen fast ausschließlich Taxis, die lautlos vorüberglitten. Der schmale, gut gepflegte Grünstreifen zwischen den Fahrbahnen spiegelte sich vielfach in den gläsernen Fassaden, sodass man meinen konnte, sich in einer weitläufigen Parkanlage zu befinden.

„Es tut mir leid, aber unsere Wohnungen sind nur auf das Nötigste ausgerichtet. An Besucher hat man offensichtlich nicht gedacht. Bevor wir zum Hotel fahren, möchte ich euch noch unser Zentrum zeigen.“ In der Mitte ragten drei außergewöhnliche Gebäude aus einer weiten grünen Fläche empor. Den Eltern schwindelte, als sie nach oben zu sehen versuchten. Auf einem kreisförmigen Grundriss erhob sich ein Turm, dessen Spitze sich im Blau des Himmels verlor. Die Tochter deutete instinktiv darauf hin und sagte: „Das ist unser Herzstück. Hier finden alle Beratungen der Regierung statt. Hier werden alle Entscheidungen gefällt. Unser Präsident bewohnt die oberste Etage. Wann immer ich hier vorbeigekomme, brennt Licht. Wir alle bewundern und verehren ihn. Er ist der Gründer dieser Stadt. Er scheint immer wach zu sein, immer bereit für sein Volk zu arbeiten, immer das Beste für sein Volk zu schaffen. Das Wort „unmöglich“ scheint es in seinem Wörterbuch nicht zu geben. Sein starker Wille überwindet alle Hindernisse, und er gibt uns Vertrauen in unsere Zukunft. Bei Schlechtwetter verschwindet seine Wohnung immer in den tief hängenden Wolken. In diesen Bau haben die Pioniere unserer Stadt all ihr Können und Wissen investiert. Der Turm ist unser ganzer Stolz.“

Direkt daneben schraubte sich ein achteckiges Gebäude nach oben. Die unregelmäßige Glasfassade erweckte diesen Eindruck. Das Glas spiegelte die ganze Umgebung in gebrochenen Bildern und ließ keine Vorstellung zu, wie es im Inneren aussehen könnte oder was im Inneren vorging. Es ließ sich kein Ganzes erkennen. „Wir lieben dieses Gebäude, weil es oft sehr funnige Lichtspiele zeigt, wenn sich die Sonne um das Zentrum bewegt.“ Wie ruhelos eilten Menschen ein und aus. „Die Handels- und Finanzzentrale sorgt für alles, damit es uns persönlich gut geht, damit wir alles zum Leben Nötige zur Verfügung haben. Es hält auch Kontakte mit Institutionen in anderen Ländern, die unserer Stadt nützen. Hier werden die Beschlüsse der Regierung realisiert. Unser Lebensstandard lässt sich mit keinem anderer Länder, die ich kenne, vergleichen. Man hat das Bargeld abgeschafft, was wir alle als eine große Erleichterung empfinden. Alle Einkäufe tätigen wir mit unserer Kreditkarte. Das spart jede Menge Sorgen. Am Ende des Monats wird unser Gehalt aufgeladen. Wenn wir unser Konto zu stark belasten, werden wir von der Sicherheitszentrale informiert. Seit einem Jahr wird ein neues Programm getestet. Anstelle der Kreditkarte wird unser Fingerabdruck gespeichert. Mit diesem schließen und öffnen wir unsere Wohnung, haben Zugang zu unserem Betrieb und können in jedem Laden unseres Viertels einkaufen. Wir haben auch die lästige Sorge um das Essen nicht mehr. Zu Mittag essen wir im jeweiligen Betrieb. Am Abend besuchen wir eines der vielen Restaurants in unserem Viertel. Auch dafür muss man nicht besonders viel Zeit aufwenden. Nur zum Frühstück sind wir als Familie mit unserem Kind zusammen. Den Kindern werden die anderen Mahlzeiten im Kinder-Förderzentrum serviert. Gesunde Ernährung gilt dort als höchstes Gebot.

Das dritte Gebäude stand auf quadratischem Grundriss – fast ein wenig klobig. Die Fenster waren wegen des Sonnenschutzes davor nicht sichtbar. Die fünf obersten Geschoße kragte auf zwei Seiten weit nach außen. Der Vater dachte unbewusst „Hammer“

und zuckt ein wenig zusammen. Darüber beherrschten zwei riesige Parabolantennen den Bereich der vielen Sender- und Empfangsanlagen. In der Nähe dieses Gebäudes konnten die Eltern keinen Menschen sehen, weder kam jemand aus dem Haus noch ging jemanden hinein. Die Umgebung atmete eine Sphäre von Leblosigkeit. „Von hier aus wird das Leben in unserer Stadt organisiert. Sie sorgen vortrefflich dafür, dass wir in Frieden leben und unserer Arbeit nachgehen können. Seit ich hier bin habe ich nie Streit erlebt und schon gar keine Gewalttat. Die Sicherheitszentrale sorgt für Ruhe und Frieden in unserer Stadt. Sollte es je einen Notfall geben, so reicht ein Anruf, und man erhält unmittelbar zweckmäßige Hilfe. Alle nötigen Informationen werden von hier in die Betriebe und die Wohnungen weiter-gegeben. Das gibt uns allen ein Gefühl von Sicherheit. Niemand von uns muss Angst haben.“ Auch die Eltern hatten den Eindruck einer außergewöhnlichen Ruhe, Frieden konnten sie nicht sagen. „In der Einschulung für das Leben in der Stadt, sagte man uns wiederholt, dass wir unsere Kraft und Energie in das System investieren und nicht in die Kritik. Kritik schafft nur Unruhe und zerstört das Vertrauen. Wir leben vom System und wir schätzen das System. Es erhält uns, und wir alle stützen es sehr gerne. Aus dieser Art außergewöhnlicher Zusammenarbeit ergibt sich eine ungeheure Dynamik, der wir auch unseren Wohlstand verdanken. Uns fehlt nichts.“

Die Eltern wunderten sich, dass von den hunderttausend Menschen so wenige auf der Straße zu sehen waren. „Der Großteil des Verkehrs fließt hier unter der Erde, wo ein dichtes U-Bahnnetz die verschiedenen Teile der Stadt verbindet. Alle habe ihre Arbeitsstätte in der Nähe ihrer Wohnung. So wird unnützer Verkehr vermieden. Wer seine Arbeit wechselt, wechselt dann oft auch seine Wohnung und zieht in einen anderen Stadtteil. Wir sparen dadurch Zeit zugunsten anderer Aktivitäten. Ein Drittel der arbeitsfähigen Bevölkerung ist jeweils an der Arbeitsstelle. Wir arbeiten in drei Schichten durchgehend. Zehn Stunden Arbeit, zwanzig Stunden frei. Die Freizeit nützen die meisten für Schlaf und um sich in einem der vielen Fitnessstudios fit zu halten. Gesundheit ist uns sehr wichtig – nicht nur bei der Ernährung. Andere erledigen in ihrer freien Zeit die nötigen Besorgungen. Wir brauchen nicht viel. Es wird für alles gesorgt." Die Mutter blickte bewundernd auf das elegante und teure Kleid ihrer Tochter.

Sobald sie die Karte in den Schlitz neben der Tür ihres Hotelzimmers gesteckt hatten, lief alles nach einem Programm, das ihnen völlig fremd war. Licht ging automatisch an und wenn sie ein paar Minuten nicht mehr in diesen Bereich kamen wieder aus. Als der Vater sehen wollte, wie das Wasser der Dusche anzustellen sei, konnte er sich nur durch einen schnellen Schritt zurück vor dem Wasserstrahl retten, der sofort aus dem Brausekopf drang. Das Wasser hatte bereits eine sehr angenehme Temperatur, wie er feststellen konnte. Der Komfort war ihnen ein wenig unheimlich. Alles war ihrer Kontrolle entzogen und funktionierte mit Sensoren und nach Programm.

Als sie am nächsten Morgen von ihrer Tochter abgeholt wurden, sah sie ein wenig müde aus. Sie arbeitete die Nacht über ihre Zehnstundenschicht. „Willst du dich nicht ein wenig ausruhen? Es kann uns ja dein Mann herumführen", sagte die Mutter. „Der ist schon aus dem Haus, bevor ich noch zurückkam." „Wer sorgt dann für dein Kind?" wollte wiederum die Mutter wissen. „Die Kinder werden schon sehr früh abgeholt. Die Kinder sollen für uns keine Last sein und uns nicht an unserem Beitrag für die Stadt hindern. Die Kinder werden im Kinderförderzentrum betreut, das uns diese schwierige Arbeit abnimmt. Dort arbeiten bestausgebildete Erzieher, wirkliche Fachleute. Das könnten wir als Eltern gar nie leisten. Wir dürfen mit unserem Kind die schönen Stunden verbringen. Alle Kinder werden dort gleich behandelt.“ „Aber es sind doch nicht alle Kinder gleich, wie du weißt“, bemerkte die Mutter. „Das ist nur vorher so. Die Erziehung im Zentrum ist so gut, dass sich die Jugendlichen zu guten Mitgestaltern unserer Stadt entwickeln, die das Leben hier und das System mehr und mehr schätzen und lieben lernen.“

„Aber heute möchte ich euch andere Teile unserer Stadt zeigen.“ Vom Taxi aus sahen sie, wie sich die Fassaden änderten, sobald sie sich weiter vom Zentrum entfernten. Gab es im Zentrum noch viele Gebäude mit Marmorsockel und großen Auslagenscheiben sowie Glasfassaden, so wurden nach und nach die Gebäude weniger eindrucksvoll in ihrer Bauweise. „Es scheint, dass dein Vater und ich die einzigen alten Leute in der Stadt sind. Ich habe bis jetzt keine alten Menschen gesehen.“ „In unserer Stadt lebt man nicht auf der Straße. Die Leute sind in den Häusern, in den Wohnungen, in den Fitnessstudios und Restaurants oder an ihrer Arbeitsstelle. Wenn Menschen älter sind und der Pflege bedürfen, leben sie in den Seniorenresidenzen. Dort finden sie fachkundiges Personal, das besser auf ihre Bedürfnisse eingehen kann. Wir werden heute diesen Bereich passieren.“ „Wir haben bei den Seniorenresidenzen, die du uns gezeigt hast, keinen einzigen alten Menschen im Freien gesehen. Wo halten sich diese die ganze Zeit auf?“ „Ich habe auch noch nie jemanden gesehen. Ich komme auch selten hier vorbei. Vermutlich sind die meisten bettlägrig. Ich kenne auch niemanden, der jemals einen Bekannten oder Verwandten besucht hätte. Das hier ist eine eigene Welt, die uns irgendwie fremd geblieben ist, auch wenn sie zur Stadt gehört.“ Die Eltern schweigen. Eine Mauer mit großer Toröffnung trennt und verbindet gleichzeitig die Seniorenresidenz mit einem weitläufigen Park dahinter. „Wir sagen zu diesem Park „Garten der Pioniere“. Hier werden die Urnen aller Verstorbenen aufbewahrt. Jeder von uns weiß sich als Pionier für die nachfolgende Generation. So wird jedem von uns von Anfang Wertschätzung entgegen gebracht.“ Geschmackvolle Tafeln an den Außenmauern verbergen die Urnen dahinter. Sie steigen aus, um sich in dem gut gepflegten Park ein wenig zu bewegen. Ein Netz von Spazierwegen durchzieht den Park. Als sie dann doch ein wenig müde geworden waren, setzten sie sich für eine kurze Rast und die Tochter holte ihnen Kaffee aus einem der Automaten. Leider war inzwischen die Zeit für das Mittagessen in den Restaurants verstrichen, sodass sie mit dem Essen bis zum Abend warten mussten. Sie begnügten sich mit einem Sandwich.

Bei hunderttausend Menschen muss es doch jede Menge Müll anfallen, dachten sie als sie die Pappbecher entsorgten. Wie von selbst kam ihre Tochter darauf zu sprechen. „Mama, wir sind darauf eingestellt, Müll zu vermeiden. Schon die Produkte kommen nicht mehr in einer Dreifachverpackung. Und dadurch dass wir alle in den Restaurants oder an den Arbeitsstätten essen, fällt schon der Müll der Einzelverpackungen weg. Außerdem ist unsere Müllentsorgung hervorragend organisiert, sodass man weder in den Straßen noch irgendwo in den Häusern Müll herumliegen sieht. Die Mülllagerstätte befindet sich an der Stadtmauer. Dort wird Verwertbares wieder in den Produktionsprozess rückgeführt. Manches Mal hört man an dieser Stelle Stimmen von außerhalb. Ein wenig Neugier wird in mir geweckt, so dass ich sehen wollte, was das denn sei. Doch zu bleiben wäre auffällig und bald vergesse ich das auch.“

„Vor und nach dem Stadtfeiertag nehmen viele zehn Tage Urlaub“, sagte die Tochter. „Zehn ist für uns eine besondere Zahl geworden. Man hat bei uns lange nachgedacht, wie man einen erholsamen Alltag und eine erfolgreiche Wirtschaft am besten verbinden könnte. Wir entschieden uns für die Zehn als Leitzahl. Damit lässt sich leicht an den Händen auch für die weniger Gebildeten nachkontrollieren, in welchem Zeitbereich man sich gerade befinde. Der Probelauf der Zehnzahl hat schon vor längerer Zeit stattgefunden und gut funktioniert. Die Schwachstellen sind ausgemerzt. Das Jahr wurde in zehn Monate, das Monat in dreißig Tage und drei Wochen zu zehn Tagen und der Tag in zwanzig Stunden geteilt. Zehn Stunden Arbeit, zwanzig Stunden frei. Im ganzen arbeiten wir nur wenig mehr als drei Tage pro Woche. Das ist wirklich nicht viel." Der Vater rechnete im Kopf und kam auf 20 halbe Tage Arbeit pro Monat. Wie viel wäre das für mich mit meiner 40-Stundenwoche gewesen? Er dachte nach. „Für den Jahresurlaub ist jedem ein bestimmter Monat zugewiesen. Wegen des 300-Tage-Jahres verschiebt sich der Urlaubszeit innerhalb des Jahres immer ein wenig, sodass alle im Laufe der Zeit die gleichen Möglichkeiten haben. Das ist wirkliche Gleichberechtigung im Urlaub." „Fahrt ihr in eurem Urlaub auch weg?" fragte der Vater, der zu Hause immer für die Planung zuständig war. „Man hat ein weitläufiges Erholungszentrum außerhalb der Stadt eingerichtet: Sportanlagen, Spielplätze, Musik- und Theaterveranstaltungen und Wanderwege rund um den See. Man kann auch Schi fahren. Dort ist für alles gesorgt: Animateure erleichtern die Unterhaltung. Alkohol ist für die Erwachsenen erlaubt – aber mit Grenzen. Für die Kinder gibt es ein eigenes Programm, das ihnen meist sehr viel Spaß macht. Wir können uns wirklich auf die Erholung konzentrieren."

„Ich habe bis jetzt sehr viel Neues gesehen aber weder eine Kirche, noch eine Moschee noch irgendeinen Tempel? bemerkte die Mutter. „Beim Einführungskurs in das Leben der Stadt wurden wir auch darüber unterrichtet. Man hat hier die Religion überwunden. Wir brauchen das eigentlich nicht mehr und es fehlt uns auch nicht wirklich. Wir haben keine Sorgen und keine Bedürfnisse. Es ist für alles gesorgt. Auch die vielen Feiertage fallen weg, ausgenommen ist der Geburtstag des Präsidenten, der von allen begangen wird. Das ist auch der einzige Tag im Jahr, an dem alle frei haben, an dem alle Produktionsstätten still stehen, wo wir uns alle im Zentrum versammeln, um gemeinsam zu feiern. Ein großes Buffet mit den besten Speisen ist aufgebaut. Nach einer kurzen Ansprache und dem Essen gehen wir wieder nach Hause." Auf diese Weise erlebten sie auch das Fest am nächsten Tag. Ihre Tochter wurde für zehn Jahre Mitgestaltung der Stadt geehrt. Das Essen schmeckte vorzüglich, aber man kam kaum mit anderen Bewohnern der Stadt in Kontakt. Das war offensichtlich auch nicht vorgesehen. Oder gab es dieses Bedürfnis gar nicht?

Nach einer weiteren Nacht im Hotel fuhren sie am nächsten Tag mit ihrer Tochter zum Flughafen. Die Sonne spiegelte sich zum Abschied hinter ihnen in den Glasfassaden. Immer noch trug die Mutter das kleine Päckchen mit den Geschenken mit sich, das sie der Tochter bei all diesen großartigen Eindrücken nicht zu übergeben gewagt hatte. Nun hielt sie es ihr ein wenig unbeholfen entgegen. Die Tochter wusste nicht, was sie sagen sollte, und öffnete vorsichtig. Sie holte die ersten Dinge aus dem Päckchen: Von der Hand ihrer Mutter Kekse und ein Glas Marmelade. Das kannte sie schon gar nicht mehr. Und dann etwas Süßes vom Laden um die Ecke, in dem sie von ihrem ersten Taschengeld Leckereien kaufte. Da stieg ihr langsam Wasser in die Augen, sodass sie die anderen Geschenke kaum noch erkennen konnte. Sie stockte und blickte auf. Die Eltern küssten ihre Tochter zum Abschied und hielten sie noch lange an ihren Händen. Langsam gingen sie zum Flugzeug und sanken in die Sitze. Sie fühlten sich müde und mussten ein wenig ausruhen. Als sie am nächsten

Morgen am Abflughafen gelandet waren streckte sich der Vater und sog langsam die Luft dieses Morgens in sich ein. Und die Mutter hielt ihr Gesicht lange der Sonne entgegen. Sie griffen nach der Hand des anderen und gingen schweigend beide in ihren Gedanken versunken zur Gepäckausgabe.

Eine skurrile Phantasie

Oder: Ein Spott auf die Gerechtigkeit

Der Gott kann mit seinem Himmel nicht mehr punkten. Vielleicht sind die Simpsons real oder Pokémon, aber ein Himmel ist kitschig und schon gar nicht real. Um einen Himmel bemüht sich niemand. Darum brechen dem Himmel auch die Gläubigen weg gleich wie den Kirchenzeitungen die Abonnenten. Der lächelnde Heilige am gotischen Kirchenpfeiler entlockt uns im besten Fall ein Lächeln über so viel Naivität. Schön ist die Nachbarin. Das Glück ist kurz. Das Essen schadet der Figur. Das Trinken gefährdet den Führerschein (nicht aber das Essen!!!). Das irdische Glück unterliegt großen Beschränkungen, das irdische Unglück ist zu meiden. Gott sitzt mit verschränkten Armen auf seinem Wolkenthron und ist guter Dinge. Er hat die Menschen den Menschen überlassen. Er ist völlig entspannt, da er sich nicht mehr ständig für seine Existenz rechtfertigen muss. „Warum soll ich an einen Ort gehen, an dem ich nicht willkommen bin?" sagt er sich. Gott könnte aber noch einmal reüssieren, würde er wieder die Hölle öffnen. Die Menschen haben eine Neigung, sich am Bösen und am Unglück der Anderen zu vergnügen. Wenn er die Hölle wieder als möglichen Ort einführte, nicht für mich aber doch für all die Anderen, dann käme vielleicht etwas Freude in diese Welt zurück? Vielleicht würde man sich dann auch wieder für Ihn interessieren, der einzigen Zuflucht vor der Hölle? Aber dieses ganze Unterfangen schien ihm zu aufwändig und seine Arme blieben verschränkt.

Gott sei Dank gibt es die Hölle nicht. Gott hat den Menschen sich selbst überlassen. Doch ich überlasse mich meinen niedrigen Instinkten und stelle mir eine Hölle vor, die nicht die Anderen sind, sondern diejenige in der der Mensch sich selber und allem, wovon er sich in seinem Leben umtreiben ließ, bis ins Letzte überlassen bleibt. „Wenn jeder an sich denkt, ist an alle gedacht."

Ich sehe die Dünngesichtigen in der Halle warten, um die Bewegung an den Anzeigetafeln verfolgen zu können. Hektisch werden Käufe und Verkäufe getätigt. Aber in ihren Hinterköpfen denken sie nur an den Spieler, der noch erscheinen würde. Aber sein Kommen war immer ungewiss. Aber da, der Fleißige hält ihm die Türe auf und weicht nicht von seiner Seite. Die Dünngesichtigen in ihrem grauen Anzug wissen, dass jetzt das Spiel erst richtig beginnt. Sie fragen sich: Worauf wird er setzen? Wogegen wird er heute wetten? Er sitzt abseits auf seinem Stuhl. Der Fleißige neigt sich zu ihm und erhält Informationen, richtig und falsch wird zu einer neuen Wahrheit verwoben. Die Dünngesichtigen drückt ihre Krawatte. Sie werden noch blasser als sie es ohnehin schon sind. Er kauft und verkauft. Er jongliert mit den Aktien in der Manege der Spekulanten. Heute wettet er gegen eine im Fallen begriffene Aktie, die nun abzustürzen droht. Die Dünngesichtigen agieren verworren. Was soll das bedeuten? Sie versuchen zu retten, was noch zu retten ist. Er schickt einen Tweet an das Finanzjournal, der sofort tausendfach geteilt wird, worauf ein unvorhergesehenes Auf und Ab der Kurse erfolgt. Er lässt sich davon nicht beeindrucken. Er denkt nicht an seine Anteile, aber ihr Wert steigt ständig. Er kann das alles nicht mehr brauchen. Er kennt ihren realen Wert nicht mehr. Er weiß nicht, was er sich damit noch kaufen könnte. Wie andere ins Casino gehen, geht er an hierher, um zu spielen. Den Abend und die Nacht aber wird er in seinem Hotelapartment sitzen und vom Lehnstuhl aus ins Gleichgültige starren. Er hat sein Tagewerk getan. Die Dünngesichtigen aber eilen nach Hause und wälzen sich schlaflos in ihren Betten in der Furcht, ob nicht in dieser Nacht an einem anderen Ort des Planeten, wo die Börsen geöffnet sind, eine Immobilienblase platzt, was sie mit ihren Anteilen in den Abgrund stürzen könnte. Sie sehen den gehassten Anzug, in den sie sich am Morgen wieder hineinquälen, nicht weil sie an Gewicht zugelegt haben, sondern weil sie müssen. Sie wissen, dass sie wieder als Erste vor Ort sein werden, um ein wenig frei agieren zu können, bevor er kommt. Und es ist wie an allen Tagen. Heute setzt er auf die Aktie, gegen die er gestern gewettet hatte. Und seine Anteile steigen erneut. Er spielt sein Spiel. Wie immer bringt er Wahres mit Falschinformationen vermischt, was in den Köpfen der Dünngesichtigen zu einer neuen Wahrheit zusammengesetzt wird. Er wettet gegen eine fallende Währung und setzt wieder auf sie. Die Volkswirtschaften geraten ins Schwanken, die Nationalbanken mühen sich ab. Sein Gewinn wächst. Er ist gleichgültig gegenüber seinen Anteilen. Er sieht die Dünngesichtigen durch seine Nachrichten, die der Fleißige be-ständig abschickt, aufgeschreckt wie Fledermäuse unruhig hin und her schwirren, verfolgt von den neuesten Daten. Sie leben nicht. Früher spürte er noch Lust bei diesem Anblick, doch hat ihn diese schon lange verlassen. Gefühle hat er nicht nötig. Sie sind nur Spielverderber. An diesem Ort Tag und Nacht, Erfolg und Un-ruhe und Begierde und Aufatmen und wieder Angst und Telefon und neueste Daten, die schon wieder alte Daten sind und das Ziehen am Kragen, denn die Krawatte beengt, und sie nicht ab-legen können, und ständig perfekt gekleidet, und immer das Neueste, das schon wieder das Alte ist. Er aber geht zurück in sein Apartment an den Menschen vorbei. Er ist müde. Er verfolgt sein Spiel teilnahmslos, nur noch diese flache Lust am Untergang, die eigentlich eine Traurigkeit ist, hält ihn wach. Und er blickt aus dem Fenster seines Apartments in die Leere. Er kennt diesen Blick.

Ich sehe den Geizigen, der sein Geld zählt und ordnet. Täglich kommt neues hinzu. Es vermehrt sich wie von selbst unter seiner

Hand, sodass er mit dem Zählen nicht nachkommt. Und er fühlt sich bedrängt von diesen Summen, von denen er letztendlich nicht weiß, wie viel er nun tatsächlich besitzt. Und dann ist da diese ständige Unruhe, dass ihm jemand etwas gestohlen haben könnte. Und doch er sieht, wie es täglich mehr wird, sodass es ihn fast erdrückt, ihn jedenfalls belastet. Er möchte wieder atmen können. Vielleicht sollte er sein Geld verschenken oder es auf eine andere Weise loswerden? Aber niemand ist da. Er ist allein und die Menschen interessieren sich nicht für ihn und nicht für sein Geld. Die Welt nimmt keine Notiz von seinem Reichtum, und er beginnt zu zählen. Er findet keine Freude zwischen den Scheinen und Münzen. Blickte ihn doch einer der Menschen an, an denen er immer vorbei gegangen ist. Doch die Vielen eilen vorbei fröhlich einander grüßend. Ihn bemerken sie nicht.

Ich sehe den Großgrundbesitzer, der täglich seinen Besitz umrundet. Er vermehrt seinen Besitz mit allen möglichen Mitteln, kaufen, verdrängen, erpressen. Und er umrundet ihn und kommt Tag für Tag mehr außer Atem, denn sein Besitz vermehrt sich. Er kann seinen Grund und Boden nicht mehr umlaufen und hat Angst, dass sich schon ein Anderer sich auf seinem Besitz breit macht an irgendeiner Stelle, die er nicht mehr einsehen kann. Die Angestellten oder Erntehelfer, denen er die Randstreifen seiner Felder als Teil ihres Lohnes für den eigenen Anbau überlässt, könnten sich ja ausbreiten und das gute Land in Besitz nehmen. Und kaum kommt er an, bricht er schon wieder auf und kommt wieder außer Atem und immer wieder geht er, läuft er denselben Weg, und er stellt fest, dass noch alles beim alten ist. Doch mor-gen, morgen ist ein anderer Tag. Und er macht sich auf den Weg, geht und läuft und kommt außer Atem, aber er kann nicht mehr alles kontrollieren, und er ist müde, und er hasst seinen Besitz, denn er kaum noch kontrollieren kann keinesfalls aber genießen. Doch keiner mehr neidet ihm seinen Besitz oder nimmt ihm etwas. Aber wer kann sich sicher sein? Die Menschen sind gierig.

Ich sehe den Mächtigen. Er sitzt in seiner Zentrale, von der aus er seine Marionetten immer gesteuert hat. Der Mechanismus funktioniert wie immer, aber die Schüre sind ohne Verbindung zu den Menschen. Niemand reagiert auf seine Befehle zu fangen, zu quälen, zu töten. Seine Soldaten reagieren nicht, nicht seine Geheimpolizei, nicht einmal diese ewigen Speichellecker. Die Speichellecker widern ihn am meisten an. Er hasst sie. Und er kontrolliert die Mechanismen und zieht an den Schnüren und schnauft seine Wut. Aber niemand hat Angst, niemand kriecht ihm zu Füssen. Die Menschen spüren die Freiheit. Er bleibt alleine - ein Herrscher ohne Land. Kein Geschöpf ist bei ihm, keine Katze über deren Fell er streicheln könnte, und kein Hund der ihn treu anblickte. Aber die Speichellecker schwirren umher. Er hasst sie und fühlt, dass sie sich nicht mehr für ihn interessieren, weil sie von ihm nichts mehr erwarten können. Innerlich waren sie ihm immer fern, jetzt auch äußerlich. Er spürt eine grausame Kälte in sich.

Ich sehe den Zornigen und Gewalttätigen. Er legt seine Bomben und vergräbt seine Tretminen. Er schießt seine Gewehrmagazine leer und droht mit einem Messer in der Hand. Aber Menschen kümmern sich nicht um seine Drohgebärden. Hatten sie früher Angst, so gehen sie jetzt frei und unbeschädigt - die Bombe wird nicht explodieren, die Tretmine wird nicht ausgelöst, die Kugeln erreichen nicht ihr Ziel und das Messer in der erhobenen Hand bleibt erhoben. Und die Aggression bleibt in ihm. Er kann seine Aggression auch nicht gegen sich selbst richten. Er wünschte sich, seine Wut hinausschreien zu können. Aber die Stimme versagt ihm. Doch als doch ein Schrei aus ihm herausbricht und der Zorn verschwindet, bleibt ihn ihm diese ständige Furcht, dass der Zorn wiederkommt. Sobald ihn dieser kurzzeitig verlassen hatte, spürt er bald wieder dieses bekannte Gefühl in sich aufsteigen. Schon allein das Spüren beschleunigt dieses Gefühl, vor dem er sich fürchtet, aber von dem er sich nicht mehr freiatmen kann. Kein Türe Knallen, kein Zornesschrei, kein ... Er sieht, dass sein Wunsch, sich frei machen zu können, nie erfüllt werden wird. Und diese ständige Angst vor der eigenen Wut.

Ich sehe den Kindersoldatenwerber. Mit seiner martialischen Ausrüstung möchte er Eindruck und Neugierde erwecken. Er geht in der Dorfmitte auf und ab. Er möchte die Kinder staunen machen. Er würde gerne die Kinder auf seine Seite bringen. Er möchte die Kinder überreden. Er will sie in seinen Krieg führen, wo sie gegen andere Kinder kämpfen sollten für ein Land, das ihnen niemals gehören würde. Aber die Kinder kümmern sich nicht um ihn. Sie geben sich ganz ihrem Spiel hin. Sie spüren den Frieden, sie lachen, laufen und springen. Aber er spürt den Krieg in sich. Er möchte mit seinem Gewehr in die Luft knallen, aber es reagiert nicht. Und er sehnt sich nach der Leichtigkeit der Kinder. Aber er kann sein Gewand nicht ablegen. Er kann auch seine Waffen nicht ablegen. Er sieht sich wie ein Clown in der Manege. Aber die Kinder sind froh und haben keine Angst, und die Mütter sind ruhig und haben keine Angst, und das Dorf hat keine Angst mehr. Immer und immer wieder spürt er in sich die Sehnsucht nach der Leichtigkeit der Kinder und er erkennt die Lächerlichkeit seiner kriegerischen Narrenkleidung - immer wieder.

Ich sehe den Bergwerksbetreiber hoch auf seinem Wachturm. Der Schacht ist inzwischen so tief gegraben, sodass er die Arbeiter nur noch wie Ameisen wahrnehmen kann kaum von den Felsblöcken zu unterscheiden. Sind sie überhaupt noch da? Haben sie vielleicht den Stacheldrahtzaun überwunden? Hat jemand etwas von diesem wertvollen Metall hinausgeschmuggelt? Er prüft sein Gewehr. Er prüft den Lagerplatz mit dem giftigen Metall. Den

Arbeitern sind Beulen gewachsen, wenn sie sich zu lange in der Nähe der Lager aufhielten. Er tastet seinen Körper ab. Es kann noch nichts Ungewöhnliches wahrnehmen. Die Arbeiter sind so winzig da tief unten. Sind sie noch da? Er prüft den Stacheldraht. Er ist noch intakt. Er prüft sein Gewehr. Er kontrolliert die Lagerhalle. Er tastet seinen Körper ab. Er geht wieder hinaus. Auf die Wachen kann man sich nicht mehr verlassen. Die Schicht ist vorüber, aber die Arbeiter kommen nicht aus der Tiefe. Die nächste Schicht steht noch nicht vor dem Tor. Er holt das Fernglas. Der Schacht wird immer tiefer. Und das Lager wächst, aber niemand interessiert sich. Er tastet seinen Körper ab, aber vielleicht hat er etwas übersehen, und er tastet seinen Körper ab … Sind vielleicht inzwischen die Arbeiter aus der Mine geflüchtet?

Ich sehe den Lügner, der wieder eine Geschichte erzählen will. Er wünschte sich, dass sich die Menschen für ihn interessieren. Er sucht die Menschen, die ihm einst in Massen zuhörten und beklatschten. Aber die Menschen kennen seine Geschichten, seine Übertreibungen, die Sätze in denen er Wahres und Unwahres geschickt zu einer alternativen Wahrheit verwoben hatte. Ein jeder könnte sie fertig erzählen. Die Menschen unterhalten sich miteinander, aber keiner interessiert sich für ihn, der auf der riesigen Bühne steht umgeben von gelangweilten Statisten. Er erzählt sich die Geschichten selbst und weiß schon, wie langweilig sie sind. Er spricht durchs Mikrophon, als ob ihm ein anderer Geschichten erzählte, als ob eine wirklich interessierte Menge anwesend wäre. Er weiß um die Lüge in seinen Geschichten. Er erzählt sie sich selbst. Er will sich selbst unterbrechen, er will sich aufhören befehlen, aber er kann sich nicht unterbrechen und nicht aufhören, wie er sich früher nie unterbrechen ließ und niemals aufhörte. Und er spricht in einem endlosen Schwall von

Wörtern, die eine leere Welt überfluten. Und er fühlt in sich eine unendliche Langeweile.

Ich sehe den Missbrauchstäter. Er wird vor einen Spiegel gestellt und muss sich in sein eigenes Gesicht sehen. Er kann den Anblick nicht ertragen, und kann sich nicht abwenden. Er muss sich in sein Gesicht sehen und weiß, dass er immer nur sein eigenes Gesicht sehen wird, in das zu sehen er sich immer geweigert hatte.

Ich sehe den Mann und die Frau. Die Schönheit zieht ihn an. Das tiefe Dekolleté lässt Begierden erwachen. Der trainierte Körper verspricht großes. Jede Andere würde sich geschmeichelt fühlen, wenn sie von ihm angesprochen würde. Doch: Jedes Kompliment könnte ihm schon als Anmache ausgelegt werden. Ihn als erstes anzusprechen, könnte vorschnell überinterpretiert werden. Die Nähe des Körpers entfachte einen Terror in ihm, den er kaum kontrollieren konnte. Sie war ihm unbewusst nahe gerückt, aber jetzt vergrößerte sie langsam und scheinbar unauffällig wieder den Abstand um ein paar Zentimeter und atmete gegen die Sehnsucht. Auch sein Arm bewegt sich vorsichtig zu ihr hin, doch mit einer neuen Bewegung geht er wieder auf Distanz. Was würde sein, wenn ...? Vielleicht könnte man es mit einem Vertrag versuchen? Doch wie mache ich einen Vertrag, wofür es keine Vorlage gibt? Und mein Rechtsanwalt hat sein Büro geschlossen. Vielleicht könnte man mündlich etwas vereinbaren? Aber wird das nachher noch gelten oder werde ich morgen „einen Hashtag bekommen“? Und seine Augen fallen in den Ausschnitt. Sie fühlt sich nackt und begehrt zugleich. Aber wie könnte sie einen ersten Schritt tun? Erstmals fühlt sie sich so richtig konservativ. Sie denken: Kann ich mich auf einen fremden Menschen einlassen? Darf ich vertrauen? Was für ein eigentümliches, altes Wort ist da plötzlich in ihren Gedanken? Sie stehen die ganze Nacht nebeneinander an der Bar kurz davor das erste Wort auszusprechen.

Doch die Furcht vor dem ersten verdächtigen Wort lässt sie wortlos bleiben. Sie spüren die ständige Bereitschaft des Anderen, alle Schranken zu überspringen. Die Körper spielen zwischen angedeuteter Nähe und verhaltener Distanz. Am Morgen geht ein jedes allein in sein Hotelzimmer. Wird jemals der Mut die Furcht überwinden können? Und am Abend beginnt ein neuer Tag. Und die Erinnerung ist ein Vorbote des Kommenden.

Ich sehe den Priester. Er tritt wie ein Herr aus seinem Haus. Aber wo sind die Diener für den Diener Gottes? Die Eifrigen haben einen anderen Ort für ihren Eifer gefunden. Er steigt auf die Kanzel und hört seine eigenen Worte. Sie hallen durch den leeren Raum zu ihm zurück. Ein wichtiger Gedanke noch, denkt er. Diese letzten unvorbereiteten Gedanken hatten ihn immer am Aufhören gehindert. Die Anwesenden kennen sie seit langem wissen aber bis heute nicht, was sie bedeuten sollen. Man darf doch das Wichtigste nicht verschweigen. Es muss doch gesagt werden. Er ist sich sicher, dass er wichtige Worte für die Menschen hat. Als er sich plötzlich gedankenleer wahrnimmt, verstummt er. Die Tage folgen einander in ihrer abgestumpften Routine. Er fühlt sich verlassen. Jetzt hätte er Zeit, denkt er. Jetzt hätte ich Zeit, den Menschen wirklich zuhören zu können. Aber da ist niemand, der zu ihm sprechen will. Er geht über die Straße - unbemerkt. Er spürt, dass er unfähig geworden ist, zu geben. Er empfängt auch nicht mehr. Er fühlt, dass er neben den Menschen lebt, die ihm anvertraut sind, getrennt nur durch seine Gleichgültigkeit. Und er verrichtete lange Gebete, getrennt von Gott nur durch seine Gleichgültigkeit. Vergeblich versucht er sein Herz schlagen zu spüren. An diesem Platz war nichts Lebendiges wahrzunehmen. Auch das Essen hat den Geschmack verloren. Der Wein schmeckte wie Wasser. Er hat seine Pflicht erfüllt. Er hat sich nie etwas zuschulden kommen lassen. Ihm kann niemand etwas vorwerfen. Er hat doch immer Liebe gepredigt, immer Hoffnung verkündet und Glauben gefordert. Was ist Barmherzigkeit? Was ist ein Wunsch nach Gefühlen? Ein Herr darf keine Gefühle haben. Wer Herr ist, muss leiten, muss die Linie vor-geben, muss wissen worum es geht. Er wusste, dass er der Lehrer ist. Er war sich bewusst, dass er das besser konnte als alle. Ein wenig Verachtung für diese einfachen treuen Gläubigen fühlte er noch immer. Das war vielleicht das einzige Gefühl, dessen er sich erinnern konnte. Aber immer der Wunsch zuhören zu dürfen, teilen zu können, sein eigenes Herz zu spüren. Er weiß, dass er seine erste Liebe verloren hat. Es ist unmöglich, ein abgebranntes Streichholz erneut anzuzünden. Hoffnung gibt es nicht mehr.

Aber vielleicht wird es alle diese Höllen nie geben? Vielleicht sind sie nur der Phantasie eines Neiders entsprungen, eines unbedeutenden Menschen, dessen einzige Waffe die Ironie ist? Seit 150 Jahren weiß jeder, dass der Himmel bloß eine Vertröstung für die Schwachen und die Hölle eine Genugtuung für die Zukurzgekommenen sein sollen. Aber „tot ist tot“ ist ein Spott auf jede Gerechtigkeit. Das Zynische und die Ironie können nie auch nur ein wenig an die Realitäten dieser Welt heranreichen. Die Schwachen werden weiterhin ausgebeutet. Die Einen leben weiterhin auf Kosten der Anderen. Es gilt weiterhin „tot ist tot“. Hoffnung ist kein Teil dieser Welt. Es wäre ja wirklich ungerecht, wenn das vergänglich Gute für ewig belohnt und das vergänglich Böse für ewig bestraft würde. Man kann vergänglich nicht mit ewig beantworten. Es ist doch nichts Böses an der konzentrierten Erfüllung einer Aufgabe?

Jeder ist seines Glückes Schmied - aber auch das ist ein aussterbender Beruf.

© 20181031

Unvorstellbar

Gewidmet allen, die für das Unvorstellbare arbeiten. Ein Mosaik

„Stell dir vor" sang einer vor mehreren Jahrzehnten und wollte eine neue Welt beschrieben, der alle Struktur genommen ist, in der es nichts gibt, *für das man sterben würde* und daher auch nichts, wofür es sich zu leben lohnt - außer für sich selbst. Über sich selbst sagte er, dass er berühmter als Jesus sei. Ob er sich vorstellen konnte, dass dieser Jesus nicht berühmt sei, sondern dass er für Menschen wichtig sei, entzieht sich meiner Kenntnis? Vielmehr sang er: *„Stell dir vor, es gäbe keinen Himmel, keine Länder, keine Religion, keinen Besitz ... dann wäre Frieden."* Alle Vorstellungen hatte er gelassen, außer der Vorstellung von Besitz, den er hätte teilen können. *„Stell dir vor, es gibt keinen Besitz"*, sang er, als er bereits ein reicher Mann war. Was ist ein Text wert, der es im Entscheidenden bei schönen Wörtern belässt? *„Keine Gier, kein Hunger"* in der herbeigesungenen Welt. Wer hätte ihn in der Umsetzung seiner Idee gehindert, bei sich selbst zu beginnen und den Besitz, dessen Abschaffung er herbeisang, mit denen zu teilen, die *„für das Heute leben"*, weil es ihnen nicht möglich ist für das Morgen zu sorgen? Hatte er nicht gesungen: *„Stell dir vor all die Leute, die sich die Welt teilen"*? Er hätte singen können: „Stell dir vor, es gäbe Besitz und er würde geteilt." Wer aber wäre Jesus, hätte er nicht sein Leben geteilt? *„Imagine!"* Stellt euch eine Welt vor, deren Prinzip die Verweigerung und nicht die Hingabe ist.

Als die Kinder gefragt wurden: Stellt euch vor, dass es keinen Gott gibt! *„It is easy to try"*, sang er einst. *„Es ist einfach. Versuch es."* Die Kinder aber antworteten auf diese Frage: „Das geht nicht!" Man kann sich nicht einfach die Nichtexistenz von etwas oder jemandem vorstellen. Man kann sich nur weigern, sich etwas vorzustellen. Man kann diese Vorstellung ignorieren oder sie für nichts halten. Wie man sich einerseits die Nichtexistenz Gottes nicht vorstellen kann, so ist seine Existenz gleichfalls unvorstellbar. Unserem begrenzten Verstand ist das Unbegrenzte unvorstellbar. Da stoßen wir an unsere Grenzen. Wir über-schreiten diese Grenze nur mit unserer Zustimmung zu seiner Existenz und im Staunen.

Ich gehe in die Natur und *stelle mir vor*, dass Gott nicht sei. *„Es ist ganz einfach."* Mir wird alles schreckhaft entleert bis zu einem Schmerz in meiner Mitte. Und ich lasse Ihn da sein und frage mich: Wie ist das für einen, der einen Satz wie den folgenden geschrieben hat? „Die Welt ist Gottes so voll. Aus allen Poren der Dinge quillt es uns entgegen." Diese Überzeugung hat ihn durchdrungen bis unter das Fallbeil der Nazis. „Die Welt ist Gottes so voll." Wer hat unsere Welt dieser Wirklichkeit so sehr entleert, dass dieser Mangel kaum noch erahnbar ist? Wer hat dieser Welt die Sehnsucht nach mehr „Sein" genommen und sie ihrer Selbstgenügsamkeit überlassen?

Der Schriftsteller antwortete im Interview: „Ich glaube nicht an Gott, aber ich vermisse ihn." – „Ja, es gibt ihn wahrscheinlich nicht, aber er fehlt mir. Wenn es ihn gäbe, dann gäbe es keine Sprache, nur blühende Wiesen. Gott ist ein Prinzip der Vollkommenheit und nicht ein Prinzip des Mangels." Und er sagte weiter in diesem Interview: „Die Höhle in jedem von uns, in der das Dunkel Platz hat, das zu uns gehört, dürfen wir Gott nennen. Und sie ist leer, diese Höhle. Leute, denen die Leere fremd ist, sind mir fremd. Lasst die Leere zu. In ihr ist Gott daheim." Der Pfarrerdichter, als ob er diese Worte vorausgeahnt hätte, dichtete Jahre zuvor: „Dunkle Höhle, in der wir Wärme suchten und Zuflucht bei Feuer und Freunden. Dunkle Höhle, du Gott, in der wir immer schon gingen und wussten es nicht."

Die „Unanschaubarkeit" Gottes erfahre ich erst in der Begegnung, so sagt es die Bibel der Juden und Christen mit dem Satz: „Wer Gott gesehen hat, muss *sterben*." Wir können an das Heilige nicht rühren. Das gilt auch für das „Heilige" im Menschen. Doch der Unanschaubare ist für uns der Wirkliche. - Man kann von Gott nur in Paradoxen sprechen. Paradoxe sind keine Widersprüche. Paradoxe ergänzen sich zu einem Ganzen lassen aber gleichzeitig einen Raum für das Unerklärbare offen. Wir können von Gott nur sprechen, wenn wir diesen Freiraum zulassen, der seiner Verborgenheit geschuldet ist. Wir können von Gott eher zu viel wissen als zu wenig.

Heute könnte man den Satz aus den 70ern leicht verändert so wiedergeben: „Stell dir vor, es gibt einen Himmel, aber keiner will hinein." *Aber stell dir vor*", es gibt einen Himmel und du musst die Erde nicht mehr bis ins Letzte ausbeuten. *„Stell dir vor"*, du musst diesem Leben nicht mehr *„mehr als alles"* abringen. Entspann dich, denn *„es gibt mehr als alles"*! *„Stell es dir vor, es ist ganz leicht"*: Du musst deiner Kraft nur das Vertrauen zu Gott hinzufügen, um ein wenig zu entspannen, um wieder die Sehnsucht nach Frieden, Gerechtigkeit und Liebe spüren zu können aber *„keine Gier mehr, kein Hunger."* Gerechtigkeit erhoffen wir für all jene, die in dieser Welt nur *„für das Heute leben"* konnten. Sollten wir unserer Welt nicht das Fenster zu dieser Gerechtigkeit hin offen halten? Sollten wir nicht wieder der Welt diese alte Hoffnung hinzufügen, die *letzte Ahnung gegen das Nichts*?

Sollten wir dieser Welt nicht den „neuen Menschen" hinzufügen, nicht den, der uns immer wieder versprochen wurde - vom „Übermenschen" bis zum „neuen Menschen in der klassenlosen Gesellschaft"? Wir sollten dieser Welt den „neuen Menschen" hinzufügen, der *sich seiner Gottheit entleert* hat und herabgestiegen ist. *Stell dir vor*, diese Welt würde nicht nur das Hinaufdrängen zu Macht, Geld und Ansehen kennen sondern auch das Herabsteigen *„ohne herunterzukommen“*. Stell dir vor, es gäbe den Menschen, der sich erneuern lässt und bereit ist umzukehren. Stell dir den Menschen vor, der herabsteigt, um die „Wunden zu küssen“, um den „Aussätzigen zu umarmen“ und sich den Armen zuzuwenden. Stell dir all jene vor, die herabsteigen aber in ihrer Würde wachsen und reich werden. Die neue Welt wird dort schon Wirklichkeit, wo der Hoffnung die gelebte Liebe hinzugefügt wird.

© 20181020

Mein Glaubensbekenntnis

Teil 1

Ich brauche keinen Gott, der den Menschen zur Erklärung der Welt dient und die Lücken der Naturwissenschaften schließt. Die namenlose Urenergie ist mir bis heute fremd geblieben. Sie ist mir von meinem Inneren weiter entfernt als in der Zeit.

Ich glaube an den Gott, der der Ursprung von allem ist, aus dessen Wollen die ganze Schöpfung hervorgegangen ist. Wir Menschen aber sind nach seinem Bild geschaffen. Ich bekenne damit und bin überzeugt, dass die ganze Schöpfung und jedes Geschöpf von Anfang an gewollt und geliebt ist.

Ich habe damit das Problem, wie ich das Leid und alle Ungerechtigkeit in der Welt verstehen und erklären soll? Weder kann ich Gott verteidigen, noch will ich es. Und hätte er nicht so viel Böses verhindern können? Doch wohin soll ich gehen angesichts des Leids, das in dieser Welt ist, das aus der Natur oder dem Tun der Menschen kommt, wenn nicht zu Gott?

Teil 2

Ich brauche keinen Gott, der die Welt erschaffen und ihr die Gesetzte gegeben hat, nach denen sie sich entwickeln und bewegen soll, der sich dann in seinen Himmel zurückgezogen hat und von dort her als unbeteiligter Beobachter auf die Welt schaut – „mild und stumm“.

Ich glaube an einen Gott, der Interesse an dieser Welt hat und mitten unter den Menschen sein will. Ich glaube an einen Gott, der uns Menschen in die Augen schauen wollte, um uns zu zeigen, dass wir mit ihm rechnen können. Ich glaube, dass Jesus der Sohn Gottes ist – gleich Gott. Dieser Jesus ist durch die Kraft Gottes empfangen und ein Mensch „von einer Frau geboren“. Er hat sich uns in allem gleich gemacht, damit er alles kennenlerne, was wir Menschen erleben und erfahren. Er war umjubelt, doch sollte er auch „das Salz auf der Zunge“ schmecken und erfuhr wie so viele Menschen zuletzt auch Abweisung, Leiden, Einsamkeit, Verzweiflung, Gottverlassenheit und Sterben. Er ist unser Bruder geworden bis in den Tod am Kreuz. Ich glaube, dass Gott in seinem Sohn alles Leid mitgelitten hat.

Ich glaube an einen Gott, der die Welt zu einem Ort der Hoffnung machen wollte. Der Tod soll für uns Menschen nicht das Letzte sein. Um diese Hoffnung zu wecken und zu stärken hat er seinen Sohn, den Gekreuzigten, von den Toten auferweckt. Seine Jünger waren Zeugen dafür, dass Er lebt. Für dieses Bekenntnis sind sie in den Tod gegangen. Und er, der in die Augen der Menschen geschaut hat und ihre Herzen kennt, wird uns Menschen in Gerechtigkeit und Barmherzigkeit ein Richter sein.

Ich habe damit das Problem, wie das zusammengeht: Mensch und Sohn Gottes, Jungfrau und Mutter, Gottsein und Leiden, Tod und wieder lebendig. Hier scheitern wir mit unserem menschlichen Verständnis alleine. Aber dass der Sohn Gottes Mensch geworden ist, ist der einzige Weg, den ich sehe, durch den sein Wort für alle Bedeutung haben kann. Dass es der Sohn Gottes ist, der gelitten hat, ist für mich der einzige Weg, das Leiden nicht als Strafe oder Grausamkeit Gottes verstehen zu müssen. Seine Auferstehung zeigt den einzigen Weg, der die Hoffnung gibt, dass nicht alles mit dem Grab endet und damit letztendlich nicht die Ungerechtigkeit triumphiert.

Teil 3

Ich brauche keinen Gott, der bloß als Symbol für die Kraft, die Intelligenz und die Leistungsfähigkeit der Menschen steht, der uns stärken soll, damit wir dem Guten in der Welt zum Sieg verhelfen. Ich brauche ihn nicht, wenn ich nicht auf seine Hilfe zählen kann, die meine Kraft übertrifft. Ich brauche ihn nicht, wenn er in dieser Welt die Menschen den Menschen ausliefert.

Ich glaube an einen Gott, der uns handeln lässt und der uns Kraft gibt, der uns ermutigt und mit uns ist, wenn uns unser Leben entgleitet und die Welt dem Tod entgegen geht. Ich glaube an einen Gott, der mich beten lehrt, der mich Vater sagen lässt, zu dem ich in allen meinen Bedrängnissen beten, rufen, schreien, klagen kann, und der mich hört.

Damit habe ich das Problem, dass so viele Gebete nicht erhört werden, dass er so offensichtlich nicht hilft und nicht eingreift, dass ich selbst schwach bin und so vieles nicht schaffe. Aber es ist mir lieber, in der Not ein Gegenüber zu haben, den ich bitten, dem ich Vorwürfe machen, dem ich danken kann, der mich Frieden erfahren lässt.

Teil 4

Ich will nicht Mitglied einer Institution sein, die als Gemeinschaft der Starken und Perfekten in dieser Welt wirkt, an der alle Kritik abprallt, aus der alles Schwache und Sündhafte ausgeschlossen wird, um selbst „rein“ zu bleiben. Ich würde fürchten, einer solchen Gemeinschaft anzugehören, die sehr bald zur Selbstgerechtigkeit und zur Verachtung der Anderen neigen würde.

Aber ich glaube, dass die Kirche trotz ihrer Gebrochenheit als Gemeinschaft der Heiligen und Sünder, die wichtige Aufgabe in dieser Welt hat, die Botschaft von Tod und Auferstehung Jesu lebendig zu halten. Ich glaube, dass dies eine Botschaft des Lebens und der Hoffnung ist, die unsere Welt braucht. Ich glaube, dass das Evangelium den einzigen Erlösungsweg für diese Welt beschreibt. Ich glaube, dass die Einheit der Kirche das stärkste Zeugnis für diese Botschaft vor den Menschen sein wird. Ich glaube, dass es Aufgabe der Christen ist, überall dort ein Beispiel der Liebe zu geben, wo Menschen in Not gekommen sind, denn alle haben Teil an der gleichen Würde, da wir nach dem Bild Gottes geschaffen sind, und alle sind für uns Brüder und Schwestern, weil Christus Mensch geworden ist. Ich glaube, dass die Kirche die Aufgabe hat, die Menschen in ihrem Scheitern nicht alleine zu lassen, sondern ihnen Verzeihung und Ermutigung von Gott zusprechen und selbst diese Verzeihung leben soll.

Damit habe ich das Problem, dass diese überaus schüttere Realität der Kirche so wenig von ihrer Botschaft zeigt und dass ich täglich schmerzhaft auf diese nüchterne Wirklichkeit gestoßen werde. Und ich weiß, dass mein Empfinden nichts ist im Vergleicht zum Schmerz der Betroffenen. Wenn daher jemand zu der Überzeugung gelangt, dass die Sünder und Übeltäter in der Kirche – auch in den verantwortlichen Positionen - die Mehrzahl ihrer Mitglieder bilden und das größere Gewicht haben, ist das gut verständlich. Aber und trotz allem: Ich sehe die Kirche als die Institution, die trotz allen Scheiterns die Ansprüche des Evangeliums an sich selbst seit 2000 Jahren nie geleugnet hat. Auch wenn sie die Schamröte im Gesicht trägt, ist sie gefordert, sich den Menschen in ihren täglichen Nöten zuzuwenden. Ich weiß auch um die meist verborgenen, hellen Seiten ihres Lebens.

Wenn die Frohe Botschaft durch die Wirklichkeit der Kirche immer wieder entstellt wird, darf sie nicht aufgeben, den Menschen und der Welt zu sagen: Ich verkünde euch die eine Frohe Botschaft: Gott ist in der Welt und Gott ist mit uns in dieser Welt. Ich kenne keine andere Gemeinschaft, die von sich sagt, dass sie sich ständig erneuern muss. Doch zu dieser Gemeinschaft zu stehen und sie zu lieben ist kein Spaß.

Ich glaube, dass sich das Leben eines jeden Menschen am Ende als sinnvoll erweisen wird. Ich glaube, dass Gott vollenden wird, was in unserem Leben unvollständig und mangelhaft geblieben ist. Ich hoffe auf Vergebung. Ohne Vergebung gibt es kein neues Leben. Und ich glaube, dass das Letzte und Bleibende für jeden Menschen das Glück sein wird, Gott zu schauen.

Schluss

Wer sich für das Glauben entscheidet, hat es unter den Menschen nicht unbedingt leichter. Man muss sich für Probleme verantworten, die nicht die eigenen sind. Das würde einem erspart bleiben. Da stellen sich Fragen von innen und außen, die einem sonst nicht gestellt würden. Aber es ist ein guter Grund, von dem aus zu leben sich lohnt. Ich möchte nicht tauschen.

Biographie

Ich habe Glück mit mir. Ich will kein anderer sein.

Ich komme aus der Landwirtschaft. Ich bin ein einfaches Gemüt. Ich stelle keine hohen Ansprüche an die Wirklichkeit.

Ich bin nicht anspruchsvoll aber heikel. Es macht mir nichts aus, einmal nicht zu essen. Ich habe rundum vorgesorgt.

Ich arbeite nicht, ich bin fleißig. Für die Arbeit bin ich nicht geboren.

Ich sammle unaufhörlich Wissen, aber die Grenzen des Wissens habe ich kaum überschritten.

Mit dem, was ich vergessen habe, haben andere schon Bücher geschrieben.

Die Steine im Weg haben mein Wortmesser geschärft. Ich habe Angst zu verletzen.

Ich liebte nur mich selbst, bis ich begriff, dass mich die Menschen lieben.

Ich habe einen Schatz entdeckt: Freunde. Jetzt weiß ich, wie viel ich verloren habe.

Ich glaube an Gott. Mehr weiß ich von der Welt.

Ich bin dankbar. Was in meinem Leben schön war und von Bedeutung, war mir geschenkt.

© 20180113

Printed by Books on Demand GmbH, Norderstedt / Germany